Lindart
**Europarecht**

Menea Nadine Lindart

# Europarecht

Kompaktwissen für die Praxis

Verlag Personal, Recht, Management Ltd.

**Bibliographische Information der deutschen Nationalbibliothek**
Die Deutsche Nationalbibliothek verzeichnet diese Publikation in der Deutschen Nationalbibliographie; detaillierte bibliographische Daten sind im Internet über http://dnb.d-nb.de abrufbar.


Niederlassung Deutschland: Lindlaustr. 2a, 53842 Troisdorf


Umschlagskonzeption: Verlag Personal, Recht, Management Ltd.
Titelbild: © www.fotolia.de
Satz: Verlag Personal, Recht, Management Ltd.
Druck: Books on Demand GmbH, Norderstedt
Printed in Germany, Februar 2011

ISBN 978-3-941388-22-2

# Vorwort

Die Bedeutung des europäischen Unionsrechts für die nationalen Rechtsordnungen steht außer Frage. Dadurch, dass die EU-Mitgliedstaaten in vielen Rechtsbereichen ihre Hoheitsgewalt auf die Union übertragen haben, hat eine „Europäisierung“ in nahezu allen Rechtsbereichen statt gefunden. Beispielhaft genannt sei hier nur die große Schuldrechtsreform unseres 100 Jahre alten Bürgerlichen Gesetzbuches, das aufgrund von europarechtlichen Vorgaben teilweise tiefgreifend verändert werden musste. Man mag über die „Regulierungswut“ der Unionsorgane schimpfen oder sie als segensreich empfinden. Fakt ist, dass das Unionsrecht einen Stellenwert hat, der im Kollisionsfall sogar nationales Recht verdrängt. Für jeden Unionsbürger sollte es deshalb ein „Muss“ darstellen, sich mit dem Europarecht auseinanderzusetzen.

Dieses Buch hilft sowohl dem angehenden Juristen als auch dem Nichtjuristen einen strukturieren und praxisbezogenen Überblick über das Europarecht zu erlangen oder aufzufrischen, und zwar unter besonderer Berücksichtigung der Neuerungen durch den Vertrag von Lissabon. Insgesamt wird auf die Behandlung von Detailproblemen verzichtet, damit die Darstellung übersichtlich und einprägsam bleibt. Eine Auseinandersetzung mit Rechtsprechung und Literatur wird nur beschränkt vorgenommen. Der angehende Jurist muss hier noch differenziertes Wissen erwerben. Zur Herstellung des Praxisbezuges steht die Ansicht der Rechtsprechung grundsätzlich im Vordergrund. Der Veranschaulichung dienen Schaubilder und Übersichten am Ende der Kapitel.

Das Werk behandelt ausschließlich das Europarecht im engeren Sinne, also das Recht der Europäischen Union auf der Grundlage des Vertrages über die Europäische Union (EUV) sowie des Vertrages über die Arbeitsweise der Europäischen Union (AEUV). Das Europarecht im weiteren Sinne umfasst stattdessen auch das Recht anderer europäischer Organisationen (z.B. Europarat, OECD, OSZE). In den Grundzügen wird auch auf das Staatsrecht, insbesondere das Staatsorganisationsrecht der Bundesrepublik Deutschland eingegangen werden, um dem Leser auch die andere Seite des Integrationsprozess zu verdeutlichen.

Es erfolgt zunächst eine kurze Darstellung der Entwicklungsgeschichte der Europäischen Union. Dabei wird auch der Frage nachgegangen, wie die Europäische Union rechtlich zu begreifen ist und in welchem Umfang die Mitgliedstaaten Hoheitsrechte auf die Union übertragen dürfen. Anschließend wird die Organisationsstruktur der Union präsentiert, insbesondere deren Rechtsetzung und Verwaltung.

In der zweiten – praxisrelevanteren – Hälfte des Werkes, das insgesamt die Rechtsanwendung des Europarechts zum Gegenstand hat, werden die Rechtsquellen des Unionsrechts vorgestellt, und zwar insbesondere unter dem Aspekt, inwieweit europäisches Recht vor nationalen Behörden und Gerichten Berücksichtigung findet. Dabei wird auch das Verhältnis des Unionsrechts zum nationalen Recht der Mitgliedstaaten beleuchtet. Besonders ausführlich erfolgt die Darstellung der vier europäischen Grundfreiheiten, die gleichsam die Eckpfeiler des Binnenmarktes der Europäischen Union bilden. Die Kenntnis dieser Grundfreiheiten ist besonders wichtig, da sich jeder Unionsbürger unmittelbar auf sie berufen kann. Ob es darüber hinaus auch europäische Grund*rechte* gibt, ist ein weiteres Thema des Werkes. Über die Rechtsschutzmöglichkeiten vor der europäischen Gerichtsbarkeit kann sich der Leser im vorletzten Kapitel des Buches informieren, in dem die Klage- und Verfahrensarten vor dem Gerichtshof der Europäischen Union behandelt werden. Im letzten Kapitel wird aufgezeigt, unter welchen Voraussetzungen die Mitgliedstaaten wegen Verstoßes gegen Unionsrecht haften und dem betroffenen Unionsbürger auch zum Schadensersatz verpflichtet sein können.

# Inhaltsverzeichnis

# Abkürzungsverzeichnis

| | |
|---|---|
| ABl. | Amtsblatt der Europäischen Union |
| Abs. | Absatz |
| AdR | Ausschuss der Regionen |
| AEUV | Konsolidierte Fassung des Vertrags über die Arbeitsweise der Europäischen Union |
| a.F. | alte Fassung |
| Art. | Artikel |
| | |
| Bd. | Band |
| BGB | Bürgerliches Gesetzbuch |
| BGBl. | Bundesgesetzblatt |
| BGH | Bundesgerichtshof |
| BVerfG | Bundesverfassungsgericht |
| BVerfGE | Bundesverfassungsgerichtsentscheidungen |
| | |
| ca. | circa |
| | |
| d.h. | das heißt |
| DK | Dänemark |
| | |
| EAG | Europäische Atomgemeinschaft |
| EEA | Einheitliche Europäische Akte |
| EG | Europäische Gemeinschaft |
| EGKS | Europäische Gemeinschaft für Kohle und Stahl |
| EMRK | Europäische Menschenrechtskonvention bzw. Konvention zum Schutze der Menschenrechte und Grundfreiheiten |
| EP | Europäisches Parlament |
| EPZ | Europäische Politische Zusammenarbeit |
| ESZB | Europäisches System der Zentralbanken |
| EU | Europäische Union |

| | |
|---|---|
| EuGH | Europäischer Gerichtshof |
| EUV | Konsolidierte Fassung des Vertrags über die Europäische Union |
| EuZW | Europäische Zeitschrift für Wirtschaftsrecht |
| evtl. | eventuell |
| EWG | Europäische Wirtschaftsgemeinschaft |
| EWSA | Europäischer Wirtschafts-und Sozialausschuss |
| EZB | Europäische Zentralbank |
| | |
| f. | folgende |
| ff. | fortfolgende |
| | |
| GASP | Gemeinsame Außen- und Sicherheitspolitik |
| GB | Großbritannien |
| GG | Grundgesetz |
| | |
| Hs. | Halbsatz |
| | |
| i.d.R. | in der Regel |
| insb. | insbesondere |
| IntVG | Integrationsverantwortungsgesetz |
| i.S.d. | im Sinne des |
| i.V.m. | in Verbindung mit |
| | |
| JuS | Juristische Schulung |
| | |
| MS | Mitgliedstaat |
| m.w.N. | mit weiteren Nachweisen |
| | |
| n.F. | neue Fassung |
| NJW | Neue Juristische Wochenzeitschrift |
| NVwZ | Neue Zeitschrift für Verwaltungsrecht |

| | |
|---|---|
| OECD | Organization for Economic Cooperation and Development |
| o.g. | oben genannt/e |
| OSZE | Organisation für Sicherheit und Zusammenarbeit in Europa |
| | |
| PJZ | Polizeiliche und justizielle Zusammenarbeit |
| | |
| RL | Richtlinie |
| Rn. | Randnummer |
| Rspr. | Rechtsprechung |
| | |
| S. | Satz |
| s. | siehe |
| Slg. | Sammlung |
| sog. | sogenannte |
| UAbs. | Unterabsatz |
| UNTS | United Nations Treaties Series (= die von den Vereinten Nationen geführte Sammlung internationaler Abkommen) |
| u.U. | unter Umständen |
| | |
| VA | Vermittlungsausschuss |
| VerfO | Verfahrensordnung |
| vgl. | vergleiche |
| VO | Verordnung |
| | |
| z.B. | zum Beispiel |
| z.Zt. | zur Zeit |

# 1 Die Union - ein supranationaler Staatenverbund mit Rechtspersönlichkeit

Wie lässt sich die Europäische Union (EU, Union) rechtlich begreifen? Die Union ist völkerrechtlich gesehen zunächst eine *internationale Organisation*, weil sie eine durch völkerrechtliche Verträge gegründete Staatenvereinigung darstellt. Darüber hinaus ist sie *supranational*. Unter Supranationalität versteht man das Recht einer internationalen Organisation, autonom von der Willensbildung der Mitgliedstaaten in bestimmten Bereichen für diese verbindliche Rechtsregeln erlassen zu können. Ein ebenso wichtiges Kriterium für Supranationalität ist die Schaffung von Organen, die in der Lage sind, im Rahmen der übertragenen Kompetenzen verbindliche Beschlüsse fassen zu können.

Staatsrechtlich gesehen ist die Union weder ein Bundesstaat noch ein Staatenbund. Im Gegensatz zu einem Bundesstaat, der umfassende Souveränitätsrechte und insbesondere auch die Kompetenz hat, sich eigene Kompetenzen zu schaffen (sog. Kompetenz-Kompetenz), hat die EU nur begrenzte Souveränitätsrechte, und zwar darf sie Kompetenzen nur insoweit ausüben, als sie ihr durch die Mitgliedstaaten übertragen worden sind (sog. Prinzip der begrenzten Einzelermächtigung). Andererseits hat die Union aber weit mehr Befugnisse als ein einfacher Staatenbund. Im Gegensatz zu einem Staatenbund hat die Union zum Beispiel unmittelbare Hoheitsgewalt gegenüber den Bürgern der Mitgliedstaaten. Die Union ist also weniger als ein Bundesstaat und mehr als ein Staatenbund.

Das Bundesverfassungsgericht charakterisiert die EU deshalb als Staaten*ver*bund. Der Begriff des Verbundes erfasst eine enge, auf Dauer angelegte Verbindung souverän bleibender Staaten, die auf vertraglicher Grundlage öffentliche Gewalt ausübt, deren Grundordnung jedoch allein der Verfügung der Mitgliedstaaten unterliegt und in der die Völker - das heißt die staatsangehörigen Bürger - der Mitgliedstaaten die Subjekte demokratischer Legitimation bleiben.[1]

Mit dem Inkrafttreten des Vertrages von Lissabon am 01.12.2009 ist die EU gemäß Art. 1 Abs. 3 S. 3 des Vertrages über die Europäische Union (im folgenden: EUV) Rechtsnachfolgerin der Europäischen Gemeinschaft (EG) geworden, d.h. sie ist in deren Rechte und Pflichten eingetreten und hat auch deren Rechtspersönlichkeit übernommen.

---

[1] Leitsatz des Lissabon-Urteils des BVerfG vom 30.06.2009, NJW 2009, 2267

Ihre völkerrechtliche Rechtsfähigkeit, d.h. ihre Fähigkeit, als Völkerrechtssubjekt völkerrechtliche Verträge schließen zu können, ergibt sich aus Art. 47 EUV.

Ihre innerstaatliche Rechtsfähigkeit, d.h. ihre Fähigkeit, innerhalb der Staaten als Rechtssubjekt Trägerin von Rechten und Pflichten zu sein (Privatrechtsfähigkeit), ist in Art. 335 des Vertrages über die Arbeitsweise der Europäischen Union (im folgenden: AEUV) geregelt.

Diese Vorschriften binden allerdings als Vertragspartner nur die Mitgliedstaaten der EU. Im Verhältnis zu Drittstaaten beruht die Völkerrechtsfähigkeit der EU auf deren Anerkennung, die im Ermessen jedes einzelnen Staates liegt. In der Praxis wird die EU jedoch völkerrechtlich auch von Drittstaaten anerkannt.

## 1.1 Entstehungsgeschichte und Entwicklung der EU

Der Entwicklungsprozess der EU ist geprägt von einer Intensivierung der Zusammenarbeit unter den Mitgliedstaaten, die zunächst rein wirtschaftlicher Natur war und sich später immer mehr auf politische Bereiche ausgedehnt hat. Parallel dazu erfuhr die Union ständig Erweiterungen durch den Beitritt neuer Mitgliedstaaten, und zwar von ursprünglich sechs Gründerstaaten auf mittlerweile 27 Mitgliedstaaten. Grundlage für die Veränderungen waren jeweils völkerrechtliche Verträge.

### 1.1.1 Die Entstehung der Europäischen Gemeinschaften

Obwohl es schon im 19. Jahrhundert Gedanken über eine europäische Integration gab, begann die eigentliche Geschichte der EU erst Ende der 40er Jahre, als das Bedürfnis nach dem Zweiten Weltkrieg groß war, den Frieden in Europa dauerhaft zu sichern. Churchill legte in seiner berühmten Züricher Rede 1946 den Grundstein für die Idee der „Vereinigten Staaten von Europa“, deren ersten Schritt er in einem Zusammengehen zwischen Frankreich und Deutschland sah. Diese weitsichtige, aber für das Jahr 1946 auch gewagte These fand fünf Jahre später ihren Anfang im Zusammenschluss Deutschlands, Frankreichs, Italiens und der Beneluxstaaten zur Europäischen Gemeinschaft für Kohle und Stahl (**EGKS**), einer Gemeinschaft, die die Zusammenlegung der europäischen Kohle- und Stahlindustrie zum Inhalt hatte und auch „Montanunion“ genannt wurde. Sie ging auf die Pläne Monnets, eines Mitarbeiters des französischen Außenministers Schuman zurück. Monnet wurde erster Präsident einer von den Mitgliedstaaten unabhängigen Behörde, deren Aufgabe darin bestand, die Produktion der europäischen Schlüsselindustrie (Kohle und Stahl) zu kontrollieren. 1953 nahm der Gerichtshof der EGKS, seine Tätigkeit auf. Mittlerweile ist der EGKS –Vertrag im Jahr 2002 nach seiner in ihm vorgesehenen Geltungsdauer von 50 Jahren abgelaufen. Die Entwicklung der mit ihm begonnenen Integration der europäischen Staaten dauert jedoch bis heute noch an.

Im Anschluss an den EGKS-Vertrag gab es zahlreiche Bemühungen, eine Zusammenarbeit auch in der Politik zu erreichen. Die Gründung einer europäischen Verteidigungsgemeinschaft scheiterte 1954 allerdings am Veto des französischen Parlaments und auch andere Versuche hinsichtlich einer intensiveren politischen Zusammenarbeit blieben erfolglos.

Mit den Römischen Verträgen vom 25.03.1957, die am 01.01.1958 in Kraft traten, wurden deshalb zunächst die Europäische Wirtschaftsgemeinschaft (**EWG**) und die Europäische Atomgemeinschaft (**EAG** oder EURATOM) gegründet. Die EWG hatte die Wirtschaftsbeziehungen der Mitgliedstaaten zum Gegenstand. Mit der EAG sollte die friedliche Nutzung und Kontrolle der Kernenergie gewährleistet werden, die von ihrer Wichtigkeit her die Rolle der Kohle- und Stahlindustrie als Schlüsselindustrie übernommen hatte.

Durch den **Fusionsvertrag** wurden am 01.07.1967 die Organe der drei Gemeinschaften, die bislang noch nicht vereinheitlicht worden waren, zusammengefasst. Es gab nun neben einer gemeinsamen Versammlung (heutiges Parlament) und einem gemeinsamen Gerichtshof auch nur *einen* gemeinsamen Rat und *eine* gemeinsame Kommission. Die Organe handelten aber nach wie vor je nach dem betroffenen Sachgebiet auf der Grundlage der Einzelverträge der selbständig gebliebenen Gemeinschaften.

Zwischen 1973 und 1986 wurden die Gemeinschaften durch den Beitritt Großbritanniens, Irlands und Dänemarks (1973), Griechenlands (1981) sowie Spanien und Portugals (1986) erweitert.

Ein wichtiger Schritt für die europäische Integration war die Verabschiedung der Einheitlichen Europäischen Akte (**EEA**) vom 18.02.1986. Durch sie wurde die Verwirklichung des Binnenmarktes zum 31.12.1992 festgelegt, d.h. eines Raumes ohne Binnengrenzen, in dem der freie Waren- und Personenverkehr gewährleistet werden sollte. Außerdem wurde die Europäische Politische Zusammenarbeit (EPZ) institutionalisiert, um die politische Kooperation zu verstärken. Im Bereich der Außenpolitik sollten regelmäßige Konsultationen und Beratungen stattfinden. Mit der EEA wurden die Tätigkeitsbereiche der EWG ausgeweitet, zum Beispiel auch auf den Umweltschutz. Das Parlament wurde durch Kompetenzerweiterungen gestärkt. Das Ziel dieses Vertrages wurde in seinem Art. 1 Abs. 1 EEA deutlich definiert: Die Schaffung einer Europäischen Union.

### 1.1.2 Die Gründung der Europäischen Union

Die Europäische Union (EU) sollte als neue europäische Organisation am 07.02.1992 mit der Unterzeichnung des Vertrages über die Europäische Union (**EU-Vertrag, „Vertrag von Maastricht"**) gegründet werden.

In Deutschland und Dänemark stieß der Vertrag zur Gründung der EU allerdings zunächst auf heftigen Widerstand. Es hieß, dass durch die EU das Demokratieprinzip untergraben werde. Während in Dänemark der Vertrag durch einen Volksentscheid gänzlich abgelehnt worden war, wurde in Deutschland das Bundesverfassungsgericht durch mehrere Verfassungsbeschwerden, die sich gegen den EU-Vertrag richteten, bemüht. In seinem viel beachteten Maastricht-Urteil[2] vom 12.10.1993 bestätigte das Bundesverfassungsgericht dann allerdings die Verfassungsgemäßheit des Vertrages bzw. des Zustimmungsgesetzes zu diesem. Eine demokratische Legitimation erfolge – so das Urteils - durch die „Rückkopplung des Handelns europäischer Organe an die Parlamente der Mitgliedstaaten" und durch das „von den Bürgern der Mitgliedstaaten gewählte Europäische Parlament".

Am 01.11.1993 trat der Vertrag – mit wichtigen Ausnahmen insbesondere für Dänemark – in Kraft, nachdem Deutschland als letzter Mitgliedstaat die Ratifikationsurkunde hinterlegt hatte.

Gemäß Art. 1 Abs. 3 EUV stellte die EU die Dachorganisation der vorhandenen und weiter bestehenden Europäischen Gemeinschaften (1. Säule), der institutionalisierten Gemeinsamen Außen- und Sicherheitspolitik (GASP) (2. Säule) und der neu eingeführten Zusammenarbeit in den Bereichen Justiz und Inneres (3. Säule) dar. Die Struktur der EU ließ sich deshalb mit dem Bild eines Tempels mit drei Säulen beschreiben (sog. **„Drei-Säulen-Modell"**).

Durch den EU-Vertrag wurde außerdem der Europäische Rat als Gremium der Staats- und Regierungschefs gegründet. Die Aufgabe dieser neuen Institution sollte darin bestehen, Entscheidungsprozesse auf EU-Ebene zu vereinfachen und der EU politisch neue Impulse zu geben.

---

[2] BVerfGE 89, 155 - Maastricht

Zu weiteren Neuerungen des Vertrages gehörte eine Stärkung des Europäischen Parlaments durch die Einführung des Verfahrens der Mitentscheidung und eine Ausweitung der Gemeinschaftstätigkeit auf weitere Bereiche der Politik, unter anderem auf den Bereich „Kultur und Soziales".

Da die ursprünglich bloße Wirtschaftsgemeinschaft immer mehr Akzente auf den politischen Bereich legte, sollte die Europäische Wirtschaftsgemeinschaft (EWG) fortan nur noch Europäische Gemeinschaft (EG) genannt werden.

Kernstück des EU-Vertrages war das formulierte Ziel der Schaffung einer Wirtschafts- und Währungsunion bis zum 01.01.1999 sowie die Einführung einer „Unionsbürgerschaft".

Am 01.01.1995 traten Schweden, Finnland und Österreich der EU bei. Die Bevölkerung Norwegens lehnte durch Volksentscheid einen Beitritt ab.

### 1.1.3 Änderungen durch den Vertrag von Amsterdam

Eine nächste wesentliche Änderung der Verträge erfolgte durch den **Vertrag von Amsterdam**, der am 02.10.1997 unterzeichnet wurde und am 01.05.1999 in Kraft trat.

Durch ihn wurde redaktionell zunächst die Zitierweise der Verträge geändert, um eine Verwechslungsgefahr zu vermeiden (aus EGV wurde EG, aus EUV EU, aus EAG EA). Außerdem wurde eine Neunummerierung des EG-Vertrages und des EU-Vertrages zwecks besserer Übersichtlichkeit durchgeführt. Der Vertrag diente vor allem dazu, punktuelle Veränderungen, die schon im Vertrag über die Gründung der EU angelegt waren, umzusetzen.

Unter anderem wurden weitere Bereiche aus der Politik rechtlich „vergemeinschaftet", d. h in die erste Säule des Vertrages über die EU überführt, wie etwa die Einwanderungs- und Asylpolitik und der freie Personenverkehr von Drittstaatsangehörigen. Zahlreiche weitere Kompetenzen auf dem Gebiet der Sozialpolitik wurden in den EG-Vertrag eingegliedert.

Eine weitere wichtige Neuerung bestand in der Einführung des „**Prinzips der Flexibilität**". Es besagt, dass eine engere Zusammenarbeit auch nur unter einer Mehrheit von Mitgliedstaaten möglich sein soll. Damit wird zukünftig verhindert werden, dass nur einige wenige Mitgliedstaaten den Integrationsprozess durch das bislang erforderliche Einstimmigkeitsprinzip hemmen können. Allerdings hat das Prinzip der Flexibilität zu einem „Europa der verschiedenen Geschwindigkeiten" geführt. So wurde am

01.01.1999 nicht in allen Mitgliedstaaten der Euro als gemeinsame Währung eingeführt. Dänemark, Großbritannien und Schweden lehnten den Euro als ihre Währung ab.

### 1.1.4 Institutionelle Reformen durch den Vertrag von Nizza

Der im Dezember 2000 in Nizza angenommene und nach teilweise zähen Verhandlungen am 26.02.2001 unterzeichnete Vertrag von Nizza sollte die institutionellen Voraussetzungen für die geplante Ost-Erweiterung der EU auf insgesamt 27 Mitgliedstaaten schaffen. Nachdem Irland erst in einem zweiten Volksentscheid dem Vertrag zugestimmt hatte, trat er am 01.02.2003 in Kraft.

Die entscheidenden Neuerungen bestanden in der Ausweitung der Mehrheitsentscheidungen des Rates der EU sowie der Stimmengewichtung im Rat. Die Stimmengewichtung erfolgt seitdem nach der Bedeutung der Mitgliedstaaten (sog. Pondierung). Die qualifizierte Mehrheit ist bei Zwei-Drittel der Mehrheit der Stimmen und einer Zustimmung von Zwei-Drittel der Mitgliedstaaten erreicht. Außerdem kann ein Mitglied verlangen, dass geprüft wird, ob hinter dem Beschluss 62% der Gesamtbevölkerung der EU-Staaten stehen. Ist dies nicht der Fall, kommt der Beschluss nicht zustande.

Auch die Zusammensetzung der Organe änderte sich. Ab 2005 sollte jeder EU-Mitgliedstaat nur noch einen Kommissar stellen dürfen (statt wie bisher die großen Mitgliedstaaten zwei). Außerdem wurde die Höchstzahl der Sitze im Europäischen Parlament auf 732 festgesetzt.

Besondere Aufmerksamkeit erfuhr die feierliche Proklamation der Charta der Grundrechte der Europäischen Union am 07.12.2000 anlässlich des Gipfels von Nizza. Dabei handelte es sich zunächst um einen politischen Text ohne Rechtsverbindlichkeit.

### 1.1.5 Das Scheitern des Europäischen Verfassungsvertrages

Schon während des laufenden Ratifikationsverfahrens des Vertrages von Nizza entstand die Entscheidung zur Ausarbeitung eines Vertrages, der alle übrigen Verträge zusammenfassen und ersetzen sollte. Diese Entscheidung lag vor allem darin begründet, dass viele Politiker den Vertrag von Nizza als unzureichenden Kompromiss empfanden, der den neuen Herausforderungen durch die geplante Osterweiterung dauerhaft nicht standhalten könne.

Im Dezember 2001 wurde deshalb ein „Konvent zur Zukunft der Europäischen Union" kurz „Verfassungskonvent" unter der Leitung des früheren französischen Staatspräsidenten Valéry Giscard d'Estaing einberufen, der einen Europäischen Verfassungsvertrag entwerfen sollte.

Der Verfassungsentwurf, den der Konvent 2003 vorlegte, wurde von den Regierungen der Mitgliedstaaten zunächst nicht angenommen. Regierungskonferenzen fanden statt, in denen sich insbesondere Spanien und Polen wegen der veränderten Stimmengewichtung im Rat benachteiligt fühlten. Erst durch einen Regierungswechsel in Spanien und nach Änderungen des ursprünglichen Vertragsentwurfs wurde der Verfassungsvertrag am 29.10.2004 in Rom von den Staats- und Regierungschefs der Mitgliedstaaten feierlich unterzeichnet.

Für seine Wirksamkeit bedurfte er jedoch noch der Ratifikation der einzelnen Mitgliedstaaten, wozu seit dem 01.05.2004 auch Estland, Lettland, Litauen, Malta, Polen, die Slowakei, Slowenien, die Tschechische Republik, Ungarn und Zypern zählten. Der Vertrag scheiterte schließlich unter anderem an den Referenden in Frankreich und den Niederlanden, noch bevor Deutschland den Vertrag ratifiziert hatte.

### 1.1.6 Der Vertrag von Lissabon als Reformvertrag

Der Verfassungskrise folgte eine „Reflexionsphase", die erst nach dem Beitritt Bulgariens und Rumäniens am 01.01.2007 durch die Tagung des Europäischen Rates in Brüssel am 21. und 22.06.2007 endgültig beendet wurde. Der Europäische Rat beschloss, die weitere Ratifizierung des Verfassungsvertrages endgültig aufzugeben und stattdessen einen „Reformvertrag" zu verabschieden, durch den die Grundzüge des Verfassungsvertrages in die bestehenden Grundlagenverträge eingearbeitet werden sollten.

Dieser Reformvertrag wurde am 13.12.2007 in Lissabon unterzeichnet und wird nach seinem Unterzeichnungsort **Vertrag von Lissabon** genannt.

Bei der Ratifikation des Vertrages von Lissabon durch die Mitgliedstaaten traten wiederum Schwierigkeiten auf. Insbesondere verzögerte sich der Ratifikationsprozess durch ein ablehnendes Referendum in Irland im Sommer 2008. Auch in Deutschland gestaltete sich der Ratifizierungsprozess nicht problemlos: Nachdem Bundestag und Bundesrat dem Zustimmungsgesetz zum Vertrag von Lissabon zugestimmt hatten, reichte der CSU-Bundestagsabgeordnete Peter Gauweiler, der bereits gegen den Europäischen Verfassungsvertrag geklagt hatte, beim Bundesverfassungsgericht Verfassungsbeschwerde ein und initiierte außerdem ein Organstreitverfahren. Daraufhin bat das Bundesverfassungsgericht den damaligen Bundespräsidenten Horst Köhler formal, die Ratifizierungsurkunde vor einer Urteilsverkündung nicht zu unterzeichnen, was dieser daraufhin auch nicht tat.

Am 30.06.2009 entschied das Bundesverfassungsgericht, dass das den Vertrag umsetzende Gesetz nicht gegen verfassungsrechtliche Prinzipien verstoße, solange den Mitgliedstaaten der EU ausreichend Raum zur politischen Gestaltung der wirtschaftlichen, sozialen und kulturellen Lebensverhältnisse bliebe.[3] Nach notwendiger Verabschiedung neuer Begleitgesetze zur Integration Deutschlands in die EU wurde Deutschlands Ratifizierungsurkunde am 25.09.2009 hinterlegt.

Nachdem in Irland das zweite Referendum erfolgreich abgeschlossen worden war, trat der Vertrag am **01.12.2009** in Kraft.

#### 1.1.6.1 Formelle Änderung der Verträge

Im Gegensatz zum Verfassungsvertrag ersetzt der Vertrag von Lissabon nicht die bisherigen Grundlagenverträge EG und EU, sondern wird strukturell in die bestehenden Verträge eingebaut. Im Wesentlichen besteht er nur aus zwei Artikeln: Der erste Artikel befasst sich mit den Änderungen zum EU-Vertrag, der zweite Artikel ändert den EG-Vertrages grundlegend. Der EG-Vertrag erhält außerdem den Namen „Vertrag über die Arbeitsweise der Europäischen Union“ (AEUV).

#### 1.1.6.2 Rechtliche Verselbständigung der EU

Zu den wesentlichen Neuerungen des Vertrages von Lissabon gehört, dass die Europäische Union bzw. Union, wie sie von nun an in den Verträgen genannt wird, an die Stelle der EG tritt und gemäß Art. 1 Abs. 3 S. 3 EUV deren Rechtsnachfolge übernimmt. Die EG wird aufgelöst. Mit der darüber hinausgehenden Einführung supranationaler Entscheidungsverfahren für die bislang nur auf intergouvernementale Zusammenarbeit ausgerichtete polizeiliche und justizielle Zusammenarbeit in Strafsachen (PJZ) verliert das Bild der „drei Säulen“ seine Grundlage.

#### 1.1.6.3 Institutionelle Veränderungen

Außerdem finden institutionelle Änderungen statt: Art. 13 Abs. 1 EUV zählt nunmehr sieben Organe der EU auf: das Europäische Parlament, den

---

[3] BVerfG NJW 2009, 2267 - Lissabon

Europäischen Rat, den Rat, die Kommission, den Gerichtshof der Europäischen Union, die Europäische Zentralbank und den Rechnungshof. Damit ist der Europäische Rat, der sich aus den Staats- und Regierungschefs der Mitgliedstaaten zusammensetzt, formal den Organen der Union gleichgestellt worden.

Der Präsident des Europäischen Rates wird gemäß Art. 15 Abs. 5 S. 1 EUV auf zweieinhalb Jahre gewählt. Das halbjährliche Rotationsprinzip der Staats- und Regierungschefs der Mitgliedstaaten hat damit sein Ende gefunden.

Die Kompetenzen des Europäischen Parlaments werden weiter ausgebaut. Durch die Einführung eines „ordentlichen Gesetzgebungsverfahrens“, das dem Verfahren der Mitentscheidung entspricht und nunmehr das Regelverfahren zur Verabschiedung von Gesetzgebungsakten darstellen soll, ist es nun gleichberechtigtes Legislativorgan neben dem Rat und nimmt auch mit diesem die Haushaltsbefugnisse wahr. Ab 2014 soll es 751 Abgeordnete umfassen.

Im Rat der Europäischen Union kommt es neben strukturellen auch zu personellen Änderungen. Die bisherige Ministerratsformation in der Gemeinsamen Außen- und Sicherheitspolitik (GASP) wird aufgeteilt in einen Rat für Allgemeine Angelegenheiten und in einen Rat für Auswärtige Angelegenheiten. Während im Rat für Allgemeine Angelegenheiten das halbjährliche Rotationsprinzip fortherrschen soll, steht dem Rat für Auswärtige Angelegenheiten ein für fünf Jahre gewählter Hoher Vertreter der EU für Außen- und Sicherheitspolitik vor, der auch Außenkommissar und Vizepräsident der Kommission ist.

Die Kommission soll ab 2014 verkleinert werden. Zukünftig sollen nur jeweils Zweidrittel der 27 Mitgliedsstaaten Kommissare stellen dürfen, soweit der Europäische Rat nicht einstimmig etwas anderes beschließt. Die Staaten haben sich aber bislang darauf geeinigt, diese Regelung bis 2014 vorerst nicht in Kraft treten zu lassen.

#### 1.1.6.4 Beschlussfassungen im Rat ab 2014

Für die Beschlussfassung im Rat gilt ab dem 01.11.2014 das sog. **Prinzip der doppelt qualifizierten Mehrheit**. Das bedeutet, dass sowohl 55% der Ratsmitglieder und 65% der Gesamtbevölkerung der EU einen Beschluss tragen müssen. Diesem System liegt die Idee zugrunde, dass Entscheidungen der Regierungen sowohl eine Mehrheit der Staaten als auch exakt die Bevölkerungsverhältnisse in der Europäischen Union widerspiegeln sollen.

Andererseits soll dann ein Beschluss durch eine „Sperrminorität" verhindert werden können, wenn die Mindestzahl an Mitgliedern gegen den Beschluss stimmen, die 35% der Gesamtbevölkerung ausmachen *plus* einem weiteren Mitglied. Mit dieser Bestimmung (Art. 238 Abs. 3 lit. a) UAbs. 2 AEUV) soll verhindert werden, dass schon drei größere Staaten, in denen gemeinsam mehr als 35 % der EU-Bevölkerung leben, Mehrheitsentscheidungen blockieren können. Dahinter steht insbesondere die Befürchtung, dass Deutschland und Frankreich, die ihre Haltung meist aufeinander abstimmen, im Bündnis mit einem weiteren großen Staat - Italien oder Großbritannien - Mehrheitsentscheidungen verhindern können.

Zum Minderheitenschutz soll darüber hinaus die sog. Ioannina-Klausel beitragen, die zwar nicht Vertragsbestandteil geworden ist, aber in einer Zusatzerklärung festgehalten wurde, die nur einstimmig geändert werden kann. Sie besagt, dass ein Überprüfungsverfahren durch mindestens zehn Mitgliedstaaten oder 26,3% der EU-Gesamtbevölkerung eingeleitet werden kann. Ab 2017 soll sogar ein vereinfachtes Überprüfungsverfahren durch acht Mitgliedstaaten oder 19,3% der Bevölkerung möglich sein. Bis zum 31.10.2014 bleibt es aber bei den Regelungen aus dem Vertrag von Nizza.

#### 1.1.6.5 Charta der Grundrechte

Durch den Vertrag von Lissabon wird die Charta der Grundrechte, die bislang rechtlich unverbindlich war, in Art. 6 Abs. 1 EUV als mit den übrigen Verträgen gleichrangig erklärt und somit verbindlich.[4] Großbritannien, Polen und Tschechien haben sich allerdings Einschränkungen vorbehalten.

#### 1.1.6.6 Weitere wichtige Änderungen

Als wesentliche Neuerungen sind noch die Einführung einer europaweiten Bürgerinitiative mit 1 Mio. Unterschriften von Unionsbürgern (Art. 11 Abs. 4 EUV i.V.m. Art. 24 Abs. 1 AEUV) zu nennen sowie die erstmalige Möglichkeit des freiwilligen Austritts aus der EU. Der austretende Staat muss nach Art. 50 EU die Bedingungen dafür aushandeln.

Außerdem zeichnet sich der Vertrag durch eine klare Formulierung der Zuständigkeiten der Union aus, worauf später noch näher eingegangen werden wird.

---

[4] Näheres zur Charta der Grundrechte unter 10.1.1

## 1.2 Der Integrationsprozess im Überblick

| | |
|---|---|
| **18.04.1951**, in Kraft getreten am 23.07. 1952, ausgelaufen am 23.07.2002 | Gründung der Europäischen Gemeinschaft für Kohle und Stahl (**EGKS**, „Montanunion") zwischen Deutschland, Frankreich, Italien und den Benelux-Staaten → Kontrolle der Kohle- und Stahlindustrie durch unabhängiges Organ der Gemeinschaft |
| **25.03.1957**, in Kraft getreten am 01.01.1958 | Verträge über die „Europäische Wirtschaftsgemeinschaft" (**EWG**) und die „Europäische Atomgemeinschaft" (**EAG**) in Rom („Römische Verträge") |
| 18.04.1965 | „Fusionsvertrag" → Einsetzung <u>eines</u> gemeinsamen Rates und <u>einer</u> gemeinsamen Kommission für die drei Gemeinschaften |
| 01.01.1973 | Erweiterung der Gemeinschaften um GB, Irland und DK |
| 01.01.1981 | Beitritt Griechenlands |
| 01.01.1986 | Aufnahme von Spanien und Portugal in die Gemeinschaften (sog. Süderweiterung) |
| **17./28.02.86**<br>in Kraft seit<br>01.07.1987 | „Einheitliche Europäische Akte" (**EEA**)<br>→ Verwirklichung des Binnenmarktes zum 31.12.1992<br>→ Einführung der Europäischen Politischen Zusammenarbeit<br>→ Ausdehnung der Gemeinschaftstätigkeit auf weitere Bereiche der Politik wie z.B. Umweltschutz<br>→ Institutionelle Reformen wie Kompetenzerweiterung des Parlaments und Ausbau der Mehrheitsentscheidungen im Rat<br><u>Ziel</u>: Schaffung einer Europäischen Union (Art. 1 I EEA) |
| **07.02.1992** in Kraft getreten am 01.11.1993 | Vertrag über die Europäische Union (**EUV**, „Maastricht-Vertrag") → Gründung der EU und des damit verbundenen 3-Säulen-Modells<br><u>Ziel</u>: Verwirklichung einer „Wirtschafts- u. Währungsunion" |
| **01.01.1995** | Erweiterung der EU um Schweden, Finnland und Österreich; Norwegens Bevölkerung lehnt per Volksentscheid ab |
| **02.10.1997**<br>in Kraft seit 01.05.1999 | **Vertrag von Amsterdam**<br>→ neue Zitierweise und Nummerierung der Verträge<br>→ Stärkung des Europäischen Parlaments durch Ausweitung und Reform des Mitentscheidungsverfahrens<br>→ Einführung des „Prinzips der Flexibilität" |

| | |
|---|---|
| **01.01.1999** | Einführung des Euro als gemeinsame Währung (außer in DK, GB und Schweden) |
| **11.12.2000**<br>in Kraft getreten am<br>01.02.2003 | **Vertrag von Nizza**<br>→ Ausweitung der Mehrheitsentscheidungen im Rat<br>→ Änderung der Stimmengewichtung: qualifizierte Mehrheit gilt als erreicht, wenn<br>• die Mehrheit bzw. die „Schwelle zur qualifizierten Mehrheit durch eine bestimmte Stimmenzahl" erreicht wird (z.Zt. nach Osterweiterung 255 von 345 Stimmen) und<br>• die Mehrheit der Mitgliedstaaten (z.Zt. 14 von 27) zustimmt.<br>Weitere Vs. auf Antrag eines MSes: 62% der EU-Bevölkerung<br>→ (unverbindliche) Proklamation einer Grundrechtecharta<br>Ziel: EU auch bei steigender Mitgliederzahl funktionsfähig |
| **01.05.2004** | Beitritt von Estland, Lettland, Litauen, Malta, Polen, der Slowakei, Slowenien, der Tschechischen Republik, Ungarn und Zypern (sog. Osterweiterung) |
| **29.10.2004**<br>gescheitert u.a. an den Referenden Frankreichs und der Niederlande | **Vertrag über eine Verfassung für Europa**<br>→ soll alle anderen europarechtlichen Verträge ersetzen<br>→ enthält zahlreiche Veränderungen, die nachher durch Vertrag von Lissabon umgesetzt werden<br>→ EU soll neben Rechtspersönlichkeit offizielle Hymne und Flagge erhalten<br>→ Einführung des Amtes eines EU-Außenministers |
| **01.01.2007** | Beitritt Rumäniens und Bulgariens |
| **13.12.2007**<br>**in Kraft getreten am**<br>**01.12.2009** | **Vertrag von Lissabon (Reformvertrag)**<br>→ ersetzt EU und EG-Vertrag nicht, sondern baut Änderungen strukturell in die bestehenden Verträge ein<br>→ EG-Vertrag wird in „Vertrag über die Arbeitsweise der Europäischen Union" (AEUV) umbenannt<br>→ EU erhält Rechtspersönlichkeit<br>→ statt eines EU-Außenministers starke Aufwertung des „Hohen Vertreters der EU für Außen- und Sicherheitspolitik"<br>→ geänderte Beschlussfassung im Rat ab 01.11.2014<br>→ Charta der Grundrechte wird grundsätzlich verbindlich<br>→ Möglichkeit einer Bürgerinitiative mit 1 Mio. Stimmen<br>→ Regelung über freiwilligen Austritt aus der EU |

## 1.3 Die Integration aus staatsrechtlicher Sicht

Die gerade dargestellte Entwicklung der EU konnte und kann aber überhaupt nur so weit voranschreiten, wie den Mitgliedstaaten aufgrund ihrer Verfassungen formell und materiell die Möglichkeit für eine solche Integration gegeben wird. Am Beispiel der Bundesrepublik Deutschland sollen die verfassungsrechtlichen Vorgaben für den europäischen Integrationsprozess kurz dargestellt werden.

### 1.3.1 Die Integrationsoffenheit des Grundgesetzes

Der Verfassungsgesetzgeber richtete das Grundgesetz bereits mit seinem Inkrafttreten am 23. Mai 1949 integrationsoffen aus: Art. 24 GG gab dem Bund von Anfang an die Möglichkeit, „durch Gesetz" Hoheitsrechte auf „zwischenstaatliche Einrichtungen" zu übertragen. Damals war Art. 24 GG die einzige verfassungsrechtliche Grundlage für die Integration in die europäischen Gemeinschaften (EGKS, EAG und E(W)G). Damit konnte sich die Bundesrepublik Deutschland in einem bis daher nicht bekannten Ausmaß ihrer verfassungsrechtlichen Zuständigkeiten entäußern, ohne die ansonsten sehr strikten Voraussetzungen des Verfassungsänderungsverfahrens beachten zu müssen. Außerdem konnte der Bundesgesetzgeber ohne Zustimmung des Bundesrates auch solche Rechte auf die Gemeinschaft übertragen, für die die Länder die alleinigen Gesetzgebungsbefugnisse innehatten. Dieser Übertragung von Hoheitsrechten hatte lediglich die Rechtsprechung des Bundesverfassungsgerichts gewisse Grenzen gezogen.

Angesichts der mit dem Maastrichter-Vertrag beabsichtigten Neugründung der EU und der damit verbundenen weitreichenden Kompetenzübertragungen auf europäische Einrichtungen wurde deutlich, dass Art. 24 GG hierfür nicht mehr die ausreichende Grundlage bilden konnte. 1992 wurde deshalb der durch die Wiedervereinigung gegenstandslos gewordene Art. 23 GG a.F. durch den neuen Europa-Artikel 23 GG n.F. ersetzt, der seitdem die Integration in die EU ebnet. Er ist lex specialis zu Art. 24 GG, der damit weitgehend an Bedeutung verloren hat.

### 1.3.2 Grenzen der Integration

Die Verwirklichung der EU wird in Art. 23 Abs. 1 S. 1 GG zwar als Staatsziel definiert. Sie wird aber gleichzeitig unter die Bedingung gestellt, dass auf Unionsebene die demokratischen, rechtsstaatlichen, sozialen und föderativen Grundsätze gewahrt bleiben, das Subsidiaritätsprinzip beachtet wird und die Union einen dem Grundgesetz vergleichbaren Grundrechtsschutz gewährleistet.

Anders als Art. 24 GG fordert Art. 23 Abs. 1 S. 2 GG für die Übertragung von Hoheitsrechten die Zustimmung des Bundesrates, und zwar unabhängig davon, ob überhaupt Gesetzgebungsbefugnisse der Länder betroffen sind. Außerdem stellt Art. 23 Abs. 1 S. 3 GG mit seinem Verweis auf Art. 79 Abs. 2 und Abs. 3 GG klar, dass Kompetenzübertragungen auf die EU unter dem Vorbehalt des Verfassungsbestandes stehen. Nach Art. 79 Abs. 2 GG bedarf jede Grundgesetzänderung einer Zwei-Drittel-Mehrheit und nach der sog. Ewigkeitsklausel des Art. 79 Abs. 3 GG sind Grundgesetzänderungen gar nicht möglich, wenn die Gliederung des Bundes in Länder, die grundsätzliche Mitwirkung der Länder bei der Gesetzgebung oder die in den Art. 1 („Schutz der Menschenwürde"), und Art. 20 GG („Bundesstaatsprinzip", „Rechtsstaatsprinzip", „Demokratieprinzip") festgelegten Grundsätze berührt werden.

Darüber hinaus enthält Art. 23 in seinen Absätzen 2 bis 6 detaillierte Mitwirkungsrechte des Bundesrates in Angelegenheiten der EU. Die Regelungen des Art. 23 Abs. 2 – 6 GG werden ergänzt durch die nach Art. 23 Abs. 3 S. 3 und Abs. 7 GG erlassenen Gesetze über die Zusammenarbeit von Bundesregierung und Bundestag in Angelegenheiten der EU[5] und über die Zusammenarbeit von Bund und Ländern in Angelegenheiten der EU[6]. Aufgrund des Lissabon-Urteils, in dem das Bundesverfassungsgericht das geplante deutsche Begleitgesetz zum Vertrag von Lissabon für verfassungswidrig erklärt hatte, wurden diese beiden Gesetze durch das Gesetz zur Änderung des Gesetzes über die Zusammenarbeit von Bundesregierung und Bundestag in Angelegenheiten der EU[7] und das Gesetz zur Änderung des Gesetzes über die Zusammenarbeit von Bund und Ländern in Angelegenheiten der EU[8] geändert.

### 1.3.3 Integration durch völkerrechtliche Verträge

Wie eingangs schon erwähnt, waren Grundlage für die jeweiligen Erweiterungen der Europäischen Gemeinschaft bis hin zur Union völkerrechtliche Verträge.

---

[5] BGBl. I 1993, S. 311

[6] BGBl. I 1993, S. 313

[7] BGBl. I 2009, S. 3026

[8] BGBl. I 2009, S. 3031

Völkerrechtliche Verträge kommen zustande, indem sich die beteiligten Staats- und Regierungschefs zunächst auf einen Vertragstext einigen, der dann oft feierlich unterzeichnet wird.

Ob der Vertrag schon mit seiner Unterzeichnung wirksam ist, hängt in der Bundesrepublik Deutschland davon ab, ob es sich um ein Verwaltungsabkommen oder um einen Staatsvertrag handelt. Ein Verwaltungsabkommen ist nach Art. 59 Abs. 2 S. 2 GG bereits mit seiner Unterzeichnung wirksam. Staatsverträge wie die europarechtlichen Verträge, die die politischen Beziehungen des Bundes regeln oder sich auf Gegenstände der Bundesgesetzgebung beziehen, bedürfen gemäß Art. 59 Abs. 2 S. 1 GG der Zustimmung oder Mitwirkung der jeweils für die Bundesgesetzgebung zuständigen Körperschaften in der Form eines Bundesgesetzes. Sie durchlaufen als Bundesgesetze das normale Gesetzgebungsverfahren und als Bundesgesetze dürfen sie im Übrigen auch durch das Bundesverfassungsgericht auf ihre Wirksamkeit hin überprüft werden wie dies zum Beispiel beim Vertrag von Maastricht und dem Lissabon-Vertrag der Fall war.

Das weitere Gesetzgebungsverfahren hängt dann davon ab, ob es sich um eine Zustimmungs- oder ein Einspruchsgesetz handelt. Bei Verträgen, die Angelegenheiten der EU betreffen, handelt es sich gemäß Art. 23 Abs. 1 S. 2 GG, wie oben schon festgestellt, immer um ein Zustimmungsgesetz, d.h. der Bundesrat muss in Angelegenheiten der EU immer zustimmen.

Nach Verabschiedung des Vertragsgesetzes wird es - wie jedes andere Gesetz - auch vom Bundespräsidenten unterzeichnet.

Anschließend unterzeichnet der Bundespräsident gemäß Art. 59 Abs. 1 S. 2 GG auch den völkerrechtlichen Vertrag, um das Verfahren förmlich zum Abschluss zu bringen.

## 1.4 Beitritt zur Union und Austritt aus der Union

Im EU-Vertrag finden sich Regelungen, die bestimmen, welche Voraussetzungen für den Beitritt zur Union und den Austritt aus der Union zu erfüllen sind.

### 1.4.3 Beitritt

Gemäß Art. 49 Abs. 1 S. 1 EUV kann jeder europäische Staat, der die in Art. 2 EUV genannten Werte achtet, beantragen, Mitglied der EU zu werden. Die in Art. 2 EUV genannten Werte sind

- Achtung der Menschenwürde,

- Freiheit,
- Demokratie,
- Gleichheit,
- Rechtsstaatlichkeit und
- die Wahrung der Menschenrechte einschließlich der Rechte der Personen, die Minderheiten angehören.

Der Europäische Rat hat diese politischen Kriterien 1993 in seinen sog. „Kopenhagener Kriterien" noch um

- die institutionelle Stabilität des beantragenden Staates

erweitert.

Darüber hinaus soll in wirtschaftlicher Hinsicht erforderlich sein, dass der Staat

- eine funktionsfähige Marktwirtschaft und
- die Fähigkeit hat, dem Wettbewerbsdruck innerhalb des EU-Binnenmarktes standzuhalten (sog. „Wirtschaftlichkeitskriterium").

Außerdem muss der beantragende Staat

- fähig sein, sich die aus einer EU-Mitgliedschaft erwachsenden Pflichten und Ziele zu eigen zu machen, d.h. er muss das gesamte Unionsrecht als „gemeinschaftlichen Besitzstand" der Union („acquis communautaire") übernehmen können (sog. „Acquis-Kriterium").

Der Ablauf der Beitrittsverhandlungen ist ebenfalls in Art. 49 EUV geregelt.

### 1.4.4 Austritt

Der Austritt aus der Union ist mit dem Vertrag von Lissabon vereinfacht worden. Gemäß Art. 50 Abs. 1 EUV kann jeder Mitgliedstaat im Einklang mit seinen verfassungsrechtlichen Vorschriften beschließen, aus der Union auszutreten. Das Austrittverfahren ist in Art. 50 Abs. 2 und Abs. 4 EUV geregelt.

# 2 Zuständigkeiten der Union

Die Union wird, wie einleitend schon erwähnt, nach dem **Prinzip der begrenzten Einzelermächtigung** gemäß Art. 5 Abs. 1 S. 1 und Abs. 2 EUV nur innerhalb der Grenzen der Zuständigkeiten tätig, die die Mitgliedstaaten ihr in den Verträgen zur Verwirklichung der darin niedergelegten Ziele übertragen haben. Alle der Union nicht in den Verträgen übertragenen Zuständigkeiten verbleiben bei den Mitgliedstaaten.

## 2.1 Arten der Zuständigkeit

Im Vertrag über die Arbeitsweise der Europäischen Union werden der Union dann ausschließliche und geteilte Kompetenzen zugeteilt sowie Unterstützungs-, Ergänzungs- und Koordinierungsmaßnahmen.

Übertragen die Verträge der Union für einen bestimmten Bereich eine **ausschließliche Zuständigkeit**, so kann *nur* die Union gesetzgeberisch tätig werden und verbindliche Rechtsakte erlassen; die Mitgliedstaaten dürfen in einem solchen Fall nur tätig werden, wenn sie von der Union hierzu ermächtigt werden, oder um Rechtsakte der Union durchzuführen, Art. 2 Abs. 1 AEUV.

Gegenstände der ausschließlichen Zuständigkeit werden sodann in Art. 3 Abs. 1 und Abs. 2 AEUV genannt: So ist die Union ausschließlich zuständig für

- die Zollunion,
- die Festlegung der für das Funktionieren des Binnenmarktes erforderlichen Wettbewerbsregeln,
- die Währungspolitik für die Mitgliedstaaten, deren Währung der Euro ist,
- die Erhaltung der biologischen Meeresschätze im Rahmen der gemeinsamen Fischereipolitik sowie
- die gemeinsame Handelspolitik.

Die Union hat ferner die ausschließliche Zuständigkeit für den Abschluss internationaler Übereinkünfte, wenn der Abschluss einer solchen Übereinkunft in einem Gesetzgebungsakt der Union vorgesehen ist, wenn er notwendig ist, damit die Union ihre interne Zuständigkeit ausüben kann, oder soweit er gemeinsame Regeln beeinträchtigen oder deren Tragweite verändern könnte.

Übertragen die Verträge der Union für einen bestimmten Bereich eine mit den Mitgliedstaaten **geteilte Zuständigkeit**, so können die Union *und* die Mitgliedstaaten in diesem Bereich gesetzgeberisch tätig werden und verbindliche Rechtsakte erlassen, Art. 2 Abs. 2 S.1 AEUV (alternative Zuständigkeit). Die Mitgliedstaaten verlieren hier gemäß Art. 2 Abs. 2 S. 2 AEUV ihre Zuständigkeit, soweit die Union von ihrer Kompetenz Gebrauch macht und weiterhin Gebrauch machen will, vgl. Art. 2 Abs. 2 S. 3 AEUV (sog. Peremptionsprinzip). Die geteilte Zuständigkeit entspricht in etwa der konkurrierenden Gesetzgebung zwischen Bund und Ländern im deutschen Recht. Die Bereiche, in denen die Union eine geteilte Zuständigkeit ausübt, sind in Art. 4 Abs. 2 AEUV genannt. Beispielhaft sollen hier

- Binnenmarkt,
- Umweltschutz und
- Verbraucherschutz

genannt werden. Sonderfälle regeln Art. 4 Abs. 3 und 5 AEUV. In den dort behandelten Bereichen wird das Peremptionsprinzip außer Kraft gesetzt. Die Mitgliedstaaten behalten ihre Zuständigkeit auch dann, wenn die Union tätig geworden ist oder in diesem Bereich tätig werden wird (sog. **parallele Zuständigkeit**).

In bestimmten Bereichen ist die Union nach Maßgabe der Verträge dafür zuständig, Maßnahmen zur Unterstützung, Koordinierung oder Ergänzung der Maßnahmen der Mitgliedstaaten durchzuführen, ohne dass dadurch die Zuständigkeit der Union für diese Bereiche an die Stelle der Zuständigkeit der Mitgliedstaaten tritt, Art. 2 Abs. 5 AEUV. *Nur* die Mitgliedstaaten bleiben zuständig in den Bereichen, die in Art. 6 AEUV aufgeführt werden, wie Schutz und Verbesserung der menschlichen Gesundheit, Sport, Kultur, allgemeine und berufliche Bildung.

Subsidiär zu den genannten Kompetenzen ist die Union gemäß Art. 253 AEUV zuständig, wenn dies zur Verwirklichung einer der Ziele der Verträge erforderlich ist (sog. Kompetenz"abrundung"). Art. 253 AEUV knüpft an keine bestehende Ermächtigungsgrundlage an und ist deshalb nachrangig zu prüfen. Die Norm darf nicht als allgemeine Kompetenzzuweisungsnorm verstanden werden, da sie die Union unbedingt daran bindet, dass das Tätigwerden erforderlich sein muss, um eines der Ziele der Union zu verwirklichen.

## 2.2 Grenzen der Zuständigkeit

Trotz vertraglich zugewiesener Kompetenz kann die Kompetenzausübung durch die Union nach Art. 5 Abs. 1 S. 2 EU unzulässig sein, wenn die Union die Grundsätze der Subsidiarität und/oder der Verhältnismäßigkeit nicht beachtet.

### 2.2.1 Das Subsidiaritätsprinzip

Der Grundsatz der Subsidiarität besagt gemäß Art. 5 Abs. 3 EUV, dass die Union außerhalb ihrer ausschließlichen Kompetenzen nur dann rechtssetzend tätig werden darf,

- sofern und soweit die Ziele der Maßnahmen auf Ebene der Mitgliedstaaten weder auf zentraler noch auf regionaler oder lokaler Ebene ausreichend erreicht werden können und daher
- wegen ihres Umfangs oder ihrer Wirkungen besser auf Unionsebene erreicht werden können.

Zuständig für die Wahrung des Subsidiaritätsprinzips ist der Gerichtshof der Europäischen Union. Klagebefugt sind die Regierungen der Mitgliedstaaten sowie der Ausschuss der Regionen, wenn er in dem betreffenden Gesetzgebungsverfahren ein Anhörungsrecht hat. Zulässige Klageart ist die Nichtigkeitsklage gemäß Art. 263 AEUV i.V.m. Art. 8 des Protokolls über die Anwendung der Grundsätze der Subsidiarität und der Verhältnismäßigkeit vom 13.12.2007 (Subsidiaritätsprotokoll)[9]. Das Protokoll ist gemäß Art. 51 EUV Bestandteil der Verträge und genießt dementsprechend auch deren primäre Geltung.

Der neu integrierte Abs. 1 lit. a) des Art. 23 GG bestimmt hierzu verfassungsrechtlich, dass sowohl Bundestag als auch Bundesrat das Recht haben, wegen Verstoßes eines Gesetzgebungsaktes der EU gegen das Subsidiaritätsprinzip vor dem Gerichtshof der Europäischen Union Klage zu erheben. Nach S. 2 trifft den Bundestag sogar die Verpflichtung zur Klageerhebung, wenn ein Viertel seiner Mitglieder es beantragt. Da für das Nichtigkeitsverfahren europarechtlich allerdings nur die Mitgliedstaaten klagebefugt sind, sieht der neue § 12 des Integrationsverantwortungsgesetzes (IntVG)[10] nunmehr für die praktische Vorgehensweise vor, dass die

---

[9] Abl. C 83 vom 30.03.2010, S. 206

[10] BGBl. I 2009, S. 3022, geändert durch das Gesetz zur Umsetzung der Grundgesetzänderungen für die Ratifizierung des Vertrages von Lissabon, BGBl. I 2009, S. 3822

Klage zwar, um den Verfahrensvoraussetzungen gerecht zu werden, durch die Bundesregierung „im Namen des Bundestages oder Bundesrates" übermittelt werden muss, die anschließende Prozessführung vor dem Gerichtshof dann allerdings vom Bundestag oder Bundesrat gemäß § 12 Abs. 4 IntVG übernommen wird.

Daneben hat man gemäß Art. 5 Abs. 3 UAbs. 2 EUV i.V.m. dem Subsidiaritätsprotokoll auch noch andere Vorkehrungen zur Einhaltung und Durchsetzung des Subsidiaritätsprinzips getroffen: So müssen den nationalen Parlamenten gemäß Art. 4 des Subsidiaritätsprotokolls Entwürfe von Gesetzgebungsakten (einschließlich einer ausführlichen Begründung zur Einhaltung des Subsidiaritätsprinzips) von den Unionsorganen unmittelbar zugeleitet werden (sog. **Frühwarnmechanismus**). Anschließend haben die nationalen Parlamente eine Frist von acht Wochen, um eine begründete Stellungnahme abzugeben, ob und warum der Gesetzgebungsakt gegen das Subsidiaritätsprinzip verstößt (sog. Subsidiaritätsrüge). Die Auswirkungen dieser Stellungnahme richten sich nach dem Gesetzgebungsverfahren, dem der Gesetzgebungsakt unterworfen ist. Im ordentlichen Gesetzgebungsverfahren kann eine ablehnende Stellungnahme sogar dazu führen, dass der Rechtsakt letztlich scheitert.[11]

### 2.2.2 Der Grundsatz der Verhältnismäßigkeit

Nach dem Grundsatz der Verhältnismäßigkeit darf die Union gemäß Art. 5 Abs. 4 EUV von ihren Kompetenzen nur insoweit Gebrauch machen, wie es inhaltlich und formal zur Erreichung ihrer Ziele erforderlich ist. Mit anderen Worten: Die Intensität der Maßnahme muss in Relation zum verfolgten Ziel stehen. Das bedeutet, dass die Union bei zwei gleichermaßen wirkungsvollen Maßnahmen diejenige wählen muss, die die Mitgliedstaaten und den Einzelnen am wenigsten belastet. Die Kriterien für die Anwendung des Verhältnismäßigkeitsprinzips legt wiederum das Protokoll über die Anwendung der Grundsätze der Subsidiarität und der Verhältnismäßigkeit fest. Anders als beim Grundsatz der Subsidiarität ist ein Verstoß gegen das Verhältnismäßigkeitsprinzip nicht justiziabel.

[11] vgl. im Einzelnen Art. 7 II und III des Subsidiaritätsprotokolls

# 3 Die Organisationsstruktur der Union

Das Gegenstück zum demokratischen Prinzip der Gewaltenteilung bildet im Rahmen der Europäischen Union das Prinzip des institutionellen Gleichgewichts. Es bedeutet, dass jedes Organ im Rahmen seiner Zuständigkeiten handelt und dabei nicht in die Zuständigkeit eines anderen Organs eingreifen darf.[12] Das Prinzip des institutionellen Gleichgewichts versteht der Gerichtshof nicht als autonomes Prinzip, sondern als Reflex der zwischen den Organen der Union bestehenden Zuständigkeitsordnung. Einschränkend wird in diesem Zusammenhang auch häufig von dem Prinzip „checks and balances“ gesprochen.

## 3.1 Die Organe der Union, Art. 13 Abs. 2 EUV

Art. 13 Abs. 2 EUV nennt folgende Organe der Union:

- das Europäische Parlament
- den Europäischen Rat
- den Rat
- die Europäische Kommission
- den Gerichtshof der Europäischen Union
- die Europäische Zentralbank
- den Rechnungshof.

Gemäß Art. 13 Abs. 4 EUV werden der Rat, das Parlament und die Kommission von zwei Ausschüssen beratend unterstützt: dem Wirtschafts- und Sozialausschuss (EWSA) und dem Ausschuss der Regionen (AdR).

### 3.1.1 Das Europäische Parlament als Legislativorgan

Das Europäische Parlament setzt sich aus direkt gewählten Vertretern der Unionsbürgerinnen und Unionsbürger zusammen. Die Wahl ist allgemein, unmittelbar, frei und geheim (Art. 14 Abs. 2 UAbs. 2 EUV) und findet gemäß Art. 14 Abs. 3 EUV alle fünf Jahre statt.

#### 3.1.1.1 Sitzverteilung unter den Mitgliedstaaten

Art. 14 Abs. 2 EUV bestimmt für die nächste Europawahl, dass im Parlament 750 Sitze *plus* dem des Präsidenten nicht überschritten werden dürfen. Jeder Staat muss mit mindestens 6 und darf mit höchstens 96 Abgeordneten vertreten sein. Das führt dazu, dass ein Abgeordneter aus

[12] EuGH Slg. 1958, S. 9 ff. - Meroni

Deutschland ca. 854 000 Unionsbürger repräsentiert, während ein Abgeordneter aus Malta nur repräsentativ für 64 000 Unionsbürger steht (sog. degressive Proportionalität). Kleinere Staaten sind demnach proportional bevorzugt. Dies widerspricht dem Grundsatz der Wahlgleichheit, wonach jede Stimme das gleiche Gewicht haben muss, und wird teilweise deshalb scharf kritisiert. Für eine Reform der Wahlen hat es aber bislang nicht die erforderliche Einigung unter den Mitgliedstaaten gegeben.

Die momentane und damit noch nach altem Recht vorgegebene Sitzverteilung im Parlament sieht folgendermaßen aus:

| **Mitgliedstaat** | **Sitze** | Schweden | 18 |
|---|---|---|---|
| Deutschland | 99 | Bulgarien | 17 |
| Frankreich | 72 | Österreich | 17 |
| Italien | 72 | Dänemark | 13 |
| Vereinigtes Königreich | 72 | Finnland | 13 |
| Polen | 50 | Slowakei | 13 |
| Spanien | 50 | Irland | 12 |
| Rumänien | 33 | Litauen | 12 |
| Niederlande | 25 | Lettland | 8 |
| Belgien | 22 | Slowenien | 7 |
| Griechenland | 22 | Estland | 6 |
| Portugal | 22 | Luxemburg | 6 |
| Tschechien | 22 | Zypern | 6 |
| Ungarn | 22 | Malta | 5 |
| | | Insgesamt | 736 |

### 3.1.1.2 Aufgaben und Befugnisse des Parlaments

Von allen Organen hat das Europäische Parlament die größte Bedeutungszunahme erfahren. Anfangs war es nur ein Beratungsgremium für den Rat, jetzt ist es zu einem zentralen Entscheidungsträger geworden. In Art. 14 Abs. 1 EUV werden die fünf großen Aufgabenbereiche genannt:

- Das Europäische Parlament wird zusammen mit dem Rat als Gesetzgeber tätig. In nahezu 95% aller Fälle entscheidet es im ordentlichen Gesetzgebungsverfahren[13] gleichberechtigt neben dem Rat. Daneben hat es in den anderen Gesetzgebungsverfahren mindestens Anhörungsrechte.
- Außerdem übt es mit dem Rat gemeinsam die Haushaltsbefugnisse aus. Nach Art. 314 Abs. 1 AEUV legt es gemeinsam mit dem Rat den Jahreshaushaltsplan der Union fest.
- Darüber hinaus hat das Europäische Parlament Kontrollfunktionen, die sich in erster Linie auf die Kommission beziehen. Durch einen Misstrauensantrag kann das Europäische Parlament gemäß Art. 234 AEUV die gesamte Kommission zum Rücktritt zwingen. Die Ernennung der Kommission bedarf wiederum der Zustimmung durch das Parlament, Art. 17 Abs. 7 UAbs. 3 EUV. Als weitere Kontrollbefugnis steht dem Europäischen Parlament das Recht zu, gemäß Art. 226 AEUV Untersuchungsausschüsse einzusetzen, die mit der Aufgabe betraut sind, behauptete Verstöße gegen Unionsrecht durch Organe oder Mitgliedstaaten zu prüfen. Seit dem Vertrag von Nizza ist das Parlament außerdem im Nichtigkeitsverfahren nach Art. 263 AEUV privilegiert klagebefugt, d.h. es kann, ohne in eigenen Rechten verletzt worden zu sein, rechtswidrige Akte anderer Organe der EU durch den Gerichtshof für nichtig erklären lassen.
- Nach wie vor hat das Europäische Parlament seine Beratungsfunktion, wie zum Beispiel die Anhörungsrechte in besonderen Gesetzgebungsverfahren.
- Mit Inkrafttreten des Vertrages von Lissabon hat das Parlament schließlich die wichtige Aufgabe, gemäß Art. 17 Abs. 7 EUV den Präsidenten der Kommission zu wählen.

### 3.1.2 Der Europäische Rat als „Impulsgeber“

Der Europäische Rat besteht aus den Staats- und Regierungschefs der Mitgliedstaaten und tagt seit den 70er Jahren ca. zwei Mal pro Halbjahr („EU-Gipfel“). Mit dem Vertrag von Lissabon hat er Organstellung erworben. Er ist gemäß Art. 15 Abs. 1 S. 1 EUV der „Impulsgeber für die EU-Politik“ und bestimmt deren Leitlinien. Trotz seiner politisch wichtigen Bedeutung und seiner neu eingeführten Organstellung sind ihm nach Art. 15 Abs. 1 S. 2 EUV gesetzgeberische Tätigkeiten versagt.

[13] dazu unter 4.2 f.

#### 3.1.2.1 Exkurs: Europarat

Nicht zu verwechseln ist der Europäische Rat mit dem Europarat. Der Europarat ist die älteste politische Organisation Europas und Begründerin der Europäischen Menschenrechtskonvention, der mittlerweile 47 Staaten angehören. Der Europarat beschäftigt sich mit sozialen und kulturellen Belangen. Seit 1993 widmet sich der Europarat verstärkt der demokratischen Sicherheit. Der Europarat ist institutionell nicht mit der Union verbunden, auch wenn beide dieselbe Flagge und Hymne verwenden.

#### 3.1.2.2 Der Präsident des Europäischen Rates

Mit dem Vertrag von Lissabon wurde auch das neue Amt des Präsidenten des Europäischen Rates eingeführt, der mit qualifizierter Mehrheit des Europäischen Rates auf zweieinhalb Jahre gewählt wird und einmalig wiedergewählt werden kann. Damit endet der jeweils halbjährige Vorsitz eines Staats- und Regierungschefs, der aufgrund der schnellen Wechsel der Schwerpunkte der politischen Führung und der Doppelbelastung des betreffenden Staats- und Regierungschefs als nachteilig empfunden wurde.

Derzeitiger Präsident ist der flämische Politiker Herman van Rompuy (Christdemokrat). Seine Aufgaben sind in Art. 15 Abs. 6 EUV aufgeführt: Als Präsident führt er den Vorsitz in Sitzungen des Europäischen Rates und gibt Impulse. Er sorgt für die Vorbereitung und Kontinuität der Arbeit und fördert darüber hinaus den Zusammenhalt und Konsens innerhalb des Europäischen Rates. Schließlich berichtet er dem Parlament im Anschluss an jede Tagung des Europäischen Rates.

#### 3.1.2.3 Aufgaben und Befugnisse des Europäischen Rates

Neben seiner wichtigsten Aufgabe der politischen Gesamtleitung bestimmt der Europäische Rat zusammen mit dem Rat der Europäische Union[14] die Durchführung der Gemeinsamen Außen- und Sicherheitspolitik (GASP), Art. 24 Abs. 2 EUV. Zu seinen Aufgaben gehören darüber hinaus grundlegende Entscheidungen wie etwa EU-Erweiterungen oder die Übertragung weiterer Kompetenzen auf die Union. Nach Art. 48 Abs. 6 und 7 EUV kann er im Zusammenwirken mit dem Europäischen Parlament im vereinfachten Verfahren Änderungen der Verträge beschließen. Der Beschluss tritt allerdings erst in Kraft, wenn alle Mitgliedstaaten zustimmen und die Zuständigkeiten der Union dadurch nicht ausgedehnt werden. Außerdem trifft der Europäische Rat auch wichtige personalpolitische Entscheidun-

[14] dazu unter 3.1.3

gen: Er schlägt den Kommissionspräsidenten (Art. 17 Abs. 7 UAbs. 1 EUV) und die übrigen Kommissionsmitglieder (Art. 17 Abs. 7 UAbs. 2 EUV) sowie den Hohen Vertreter der EU für Außen- und Sicherheitspolitik (Art. 18 Abs. 1 EUV) vor.

### 3.1.3 Der Rat der EU als wichtigstes Entscheidungsgremium

Der Rat der Europäischen Union wird auch als „**Ministerrat**" bezeichnet, um ihm von dem zuvor besprochenen Europäischen Rat abzugrenzen. Er setzt sich aus je einem Vertreter der Mitgliedstaaten (meistens einem Minister) zusammen, der ermächtigt ist, für seine Regierung verbindliche Entscheidungen zu treffen. Bei wichtigen Entscheidungen sind dies grundsätzlich die Fachminister der Mitgliedstaaten.

Es gibt unterschiedliche Ratsformation, die davon abhängig sind, welcher Politikbereich gerade behandelt wird. Der Rat, in dem das Sachgebiet Wirtschaft und Finanzen behandelt wird, heißt „Rat für Wirtschaft und Finanzen". Über das Thema Justiz und Inneres wird im „Rat für Justiz und Inneres" diskutiert. Insgesamt gibt es zehn verschiedene Ratsformationen.

Der Rat der Europäischen Union hat seinen Sitz in Brüssel, tagt aber drei Monate im Jahr in Luxembourg. Seit dem Vertrag von Lissabon tagt der Rat öffentlich, allerdings nur, wenn er als Gesetzgeber tätig wird. Dies soll zu einer verbesserten Transparenz führen.

Neu ist die Unterteilung des Rates für Allgemeine Angelegenheiten und Außenbeziehungen in den „Rat für Allgemeine Angelegenheiten" und den „Rat für Auswärtige Angelegenheiten", dem der „Hohe Vertreter der EU für Außen und Sicherheitspolitik" vorsitzt.

#### 3.1.3.1 Hoher Vertreter für Außen- und Sicherheitspolitik

Anders als beim Rat für Allgemeine Angelegenheiten, in dem das Prinzip einer halbjährlich zwischen den Mitgliedstaaten wechselnden Präsidentschaft beibehalten wird, ist fester Vorsitzender des Rates für Auswärtige Angelegenheiten der auf fünf Jahre gewählte „Hohe Vertreter der EU für Außen- und Sicherheitspolitik". Dieses Amt, das unter der Bezeichnung „Hoher Vertreter für die Gemeinsame Außen- und Sicherheitspolitik" bereits vorher existierte, wird durch den Vertrag von Lissabon stark aufgewertet. Neben seiner Stellung als Vorsitzender des Rates für Auswärtige Angelegenheiten ist der Hohe Vertreter der EU für Außen und Sicherheitspolitik gleichzeitig Vizepräsident der Kommission und Außenbeauftragter des Europäischen Rates. Er hat damit gleich zwei Positionen in bedeutenden europäischen Institutionen, dem Rat und der Kommission, inne. Deshalb spricht man auch von einem „kleinen Doppelhut“. Um einen „großen Doppelhut“ hätte es sich gehandelt, wenn das Amt des Kommissionspräsidenten mit dem des Präsidenten des Rates für Auswärtige Angelegenheiten vereinigt worden wäre. Seit dem 01.12.2009 übt die britische Politikerin Catherine Ashton (Labour Partei) dieses Amt aus.

#### 3.1.3.2 Aufgaben und Befugnisse des Rates

Der Rat ist trotz des Bedeutungszuwachses des Europäischen Parlamentes immer noch das Hauptrechtsetzungsorgan der Union (vgl. Art. 16 Abs. 1 S. 1 EUV). Er erlässt (meistens gemeinsam mit dem Europäischen Parlament) Verordnungen, Richtlinien, Beschlüsse, Gemeinsame Standpunkte, Empfehlungen und Stellungnahmen. Mit dem Parlament zusammen ist er außerdem gemäß Art. 16 Abs. 1 EUV für den Haushaltsplan der Union zuständig. Der Rat koordiniert darüber hinaus nach Art. 16 Abs. 1 S. 2 EUV die Politik.

Da sich der Rat aus den Vertretern der Regierungen der Mitgliedstaaten, also der Exekutive, zusammensetzt, der Rat selbst aber Aufgaben der Legislative wahrnimmt, liegt ein typischen Fall des Exekutivföderalismus vor. Kritiker sehen darin einen Bruch mit dem Prinzip der Gewaltenteilung und einen Grund für das sog. **Demokratiedefizit** der Union. Diese Form des Föderalismus findet sich allerdings auch in Deutschland, und zwar in Form des Bundesrates, in dem auch die Vertreter der Landesregierungen, also der Exekutive, legislativ tätig werden.

#### 3.1.3.3 Beschlussfassungen im Rat

Je nach Politikbereich entscheidet der Rat mit einfacher Mehrheit, mit qualifizierter Mehrheit oder sogar einstimmig. Soweit in den Verträgen nichts anderes festgelegt ist, beschließt der Rat mit qualifizierter Mehrheit, Art. 17 Abs. 3 EUV.

Einstimmigkeit wird von den Verträgen nur noch in ganz seltenen Fällen gefordert, wie zum Beispiel bei Richtlinien zur Angleichung von Rechtsvorschriften gemäß Art. 115 AEUV, die unmittelbare Auswirkungen auf das Funktionieren des Binnenmarktes haben, oder beim Vertragslückenschließungsverfahren nach Art. 352 Abs. 1 AEUV. Außerdem ist Einstimmigkeit bei sensiblen Politikbereichen wie der GASP und der Steuerpolitik erforderlich. Die Stimmenthaltung von anwesenden oder vertretenen Mitgliedern steht dem Zustandekommen von Beschlüssen, die Einstimmigkeit erfordern, gemäß Art. 238 Abs. 4 AEUV nicht entgegen.

Ist für einen Beschluss des Rates die einfache Mehrheit erforderlich, so beschließt der Rat mit der Mehrheit seiner Mitglieder, Art. 238 AEUV. Dabei richtet sich die Stimmenverteilung im Rat nach der Größe, Bevölkerung und Wirtschaftskraft eines Staates, wobei jedoch wie bereits bei der Sitzverteilung im Parlament die kleinen Staaten proportional bevorzugt sind. Die vier bevölkerungsreichsten Staaten haben allerdings dieselbe Anzahl von Stimmen, obwohl Deutschland deutlich mehr Einwohner hat, als zum Beispiel Frankreich. Die Stimmenverteilung im Rat sieht folgendermaßen aus (von 345 Stimmen):

Deutschland, Frankreich, Italien und Großbritannien: jeweils 29 Stimmen,

Polen und Spanien: jeweils 27,

Rumänien: 14,

Niederlande: 13,

Belgien, Portugal, Griechenland, Ungarn und Tschechien: jeweils 12,

Schweden Österreich und Bulgarien: jeweils 10,

Dänemark, Finnland, Irland, Litauen und Slowakei: jeweils 7,

Luxemburg, Zypern, Estland, Lettland und Slowenien: jeweils 4 und

Malta 3.

Für die meisten Beschlüsse ist die qualifizierte Mehrheit erforderlich.

Das bedeutet noch bis zum 31.10.2014, dass die Stimmabgabe mit der bereits erwähnten Stimmengewichtung erfolgt. Ein Mitgliedstaat kann verlangen, dass hinter dem Beschluss 62 % der EU-Gesamtbevölkerung stehen (sog. demographisches Sicherheitsnetz).

Der Vertrag von Lissabon sieht hingegen das Prinzip der doppelt-qualifizierten Mehrheit vor, wonach hinter dem Beschluss von 55% der Ratsmitglieder auch 65% der Unionsbürgerinnen und –bürger stehen müssen. Verhindert werden kann ein Beschluss nur von einer Sperrminorität von vier Mitgliedstaaten, die zusammen mehr als 35% der EU-Gesamtbevölkerung repräsentieren. Zum Minderheitenschutz trägt außerdem das Vetorecht aufgrund der Ioannina-Klausel in der Zusatzerklärung Nr. 7 bei, die besagt, dass ein Überprüfungsverfahren durch mindestens zehn Mitgliedstaaten oder 26,3% der EU-Gesamtbevölkerung eingeleitet werden kann. Zwingend gelten diese Regelungen ab dem 01.04.2017. Bis zu diesem Zeitpunkt kann allerdings jeder Mitgliedstaat noch verlangen, dass eine Abstimmung nach den bislang geltenden Regeln erfolgt.

### 3.1.4 Die Kommission als vielseitiges Organ

Die Kommission besteht gemäß Art. 17 Abs. 4 EUV bis zum 31. Oktober 2014 einschließlich ihres Präsidenten und Vizepräsidenten aus je einem Staatsangehörigen jedes Mitgliedstaats. Ab dem 01.11.2014 wird, falls der Europäische Rat nicht einstimmig anders entscheidet, ein strikt gleichberechtigendes Rotationsprinzip gelten (vgl. Art. 244 AEUV), bei dem jeweils nur Zweidrittel der Mitgliedstaaten Kommissare stellen dürfen. Das würde bedeuten, dass die Kommission von 27 auf 18 Mitglieder verkleinert würde.

Die Kommission hat ihren Sitz in Brüssel. Die Amtszeit der Kommission beträgt gemäß Art. 17 Abs. 3 EUV fünf Jahre. Derzeitiger Präsident der Kommission ist der portugiesische Politiker José Manuel Barroso (Sozialdemokrat). Am 16.09.2009 wurde er vom Europäischen Parlament für eine zweite Amtszeit von fünf Jahren gewählt.

#### 3.1.4.1 „Hüterin der Verträge"

Die Kommission wird als „Hüterin der Verträge" bezeichnet, da sie, so formuliert es auch Art. 17 Abs. 1 S. 2 EUV, die Einhaltung der Verträge überwacht. Gemäß Art. 258 AEUV kann sie durch Einleitung eines Vertragsverletzungsverfahrens Vertragsverstöße der Mitgliedstaaten durch den Gerichtshof feststellen lassen. Außerdem überprüft sie im Rahmen der Beihilfekontrolle, ob Subventionen der Mitgliedstaaten gegen die Regelungen zum Europäischen Binnenmarkt verstoßen, Art. 108 Abs. 1 AEUV.

#### 3.1.4.2 „Motor der Integration"

Darüber hinaus wird sie „Motor der Union" genannt, und zwar deshalb, da ihr das alleinige Initiativrecht für den Erlass von Rechtsetzungsakten zusteht. Soweit in den Verträgen nichts anderes festgelegt ist, darf ein Gesetzgebungsakt der Union gemäß Art. 17 Abs. 2 S. 1 EUV nur auf Vorschlag der Kommission erlassen werden. Der Rat und das Europäische Parlament können die Kommission allerdings zum Tätigwerden auffordern, Art. 225 und 241 AEUV.

#### 3.1.4.3 Hauptexekutivorgan

Neben ihrer Überwachungs- und Initiativfunktion ist die Kommission weisungsunabhängiges Exekutivorgan der Union: Sie führt gemäß Art. 17 Abs. 1 S. 3 EUV i.V.m. Art. 317 Abs. 1 S. 1 AEUV den Haushaltsplan aus.

Außer im Bereich der GASP und in den vertraglich vorgesehenen Fällen vertritt die Kommission die Union außerdem gemäß Art. 17 Abs. 1 S. 5 EUV nach außen.

Vollzugsbefugnisse hat die Kommission unter anderem im Beihilfenrecht (vgl. Art. 108 AEUV).

Sie kann rechtsetzend tätig werden, indem sie übertragene Rechtsetzungsbefugnisse für Rechtsakte ohne Gesetzescharakter (sog. delegierte Rechtsakte) wahrnimmt.

Nach Art. 290 AEUV kann sie auch sog. Durchführungsverordnungen erlassen, was mit der grundgesetzlichen Verordnungsermächtigung der Exekutive nach Art. 80 GG vergleichbar ist.

### 3.1.5 Der Gerichtshof der Europäischen Union

Der Gerichtshof der Europäischen Union umfasst den Gerichtshof, das Gericht und die Fachgerichte und sichert „die Wahrung des Rechts bei der Auslegung und Anwendung der Verträge“, Art. 19 Abs. 1 UAbs. 1 EUV. Dabei hat der Gerichtshof das **Auslegungsmonopol** hinsichtlich der letztverbindlichen Auslegung des gesamten Unionsrechts und ein **Verwerfungsmonopol** hinsichtlich sekundären, d.h. von den Unionsorganen geschaffenen Unionsrechts, vgl. Art. 19 Abs. 3 lit. b) EUV.

#### 3.1.5.1 Der Gerichtshof als oberstes Rechtsprechungsorgan

Der Gerichtshof besteht aus einem Richter pro Mitgliedstaat (Art. 19 Abs. 2 EUV) sowie acht Generalanwälten (Art. 252 Abs. 1 S. 1 AEUV), die die Aufgabe haben, gemäß Art. 252 Abs. 2 AEUV öffentlich und in völliger Unparteilichkeit begründete Schlussanträge zu stellen. Die Amtszeit der Richter und Generalanwälte beträgt sechs Jahre, vgl. Art. 254 Abs. 2 S. 2 AEUV. Die Richter wählen aus ihrer Mitte den Präsidenten des Gerichtshofes für drei Jahre, wobei Wiederwahl zulässig ist. Seit 2003 ist der Grieche Vassilios Skouris Präsident des Gerichtshofs.

Die Entscheidungen des Gerichtshofs werden grundsätzlich in Kammern von drei bis fünf Richtern oder als große Kammer von 11 Richtern gefällt. Nur in ganz seltenen Ausnahmefällen wie der Amtsenthebung des europäischen Bürgerbeauftragten oder eines Kommissionsmitgliedes entscheiden alle Richter gemeinsam (Plenum). Die Besetzung der Kammern regelt Art. 16 der Satzung des Gerichtshofs.

Der Gerichtshof ist Rechtsmittelinstanz und zuständig für Klagen des ersten Rechtszuges, wenn sie nicht dem Gericht gemäß Art. 256 Abs. 1 AEUV zugeordnet sind.

#### 3.1.5.2 Das Gericht

Das Gericht (früher Gericht erster Instanz oder EuG genannt), das dem Europäischen Gerichtshof nachgeordnet ist, hat seinen Sitz in Luxemburg und besteht ebenfalls aus 27 Richtern. Das Gericht wird jedoch nicht durch ständige Generalanwälte unterstützt. Auch hier wird einer der Richter zum Präsidenten gewählt. Derzeitiger Präsident ist der Luxemburger Marc Jaeger (bis 31.08.2013).

Entschieden wird durch Spruchkörper, die jeweils mit drei oder fünf Richtern besetzt sind. Zuständig ist das Gericht gemäß Art. 256 Abs. 1 AEUV für Klagen im ersten Rechtszug, und zwar für Nichtigkeitsklagen gemäß Art. 263 AEUV, Untätigkeitsklagen gemäß Art. 265 AEUV, Schadensersatzklagen gemäß Art. 268 AEUV und Klagen von Bediensteten der Union (Art. 270 AEU).

#### 3.1.5.3 Die Fachgerichte

Die Fachgerichte, die das Europäische Parlament und der Rat gemäß dem ordentlichen Gesetzgebungsverfahren bilden können, sind dem Gericht beigeordnet, Art. 257 Abs. 1 S. 1 AEUV. Früher wurden sie als Kammern bezeichnet. Sie sind gemäß Art. 257 Abs. 1 S. 1 AEUV für Entscheidungen im ersten Rechtszug über bestimmte Kategorien von Klagen zuständig, die auf besonderen Sachgebieten erhoben werden. Bislang gibt es nur ein Fachgericht, und zwar das Fachgericht für Streitigkeiten des öffentlichen Dienstes (EuGöD). Es wurde 2004 eingerichtet. Bei ca. 35 000 Beschäftigten der Union fallen ca. 120 Rechtssachen im Jahr an. Rechtsmittelinstanz ist gemäß Art. 257 Abs. 3 AEUV das Gericht.

### 3.1.6 Die Europäische Zentralbank (EZB)

Die EZB wurde am 01.06.1998 gegründet und hat ihren Hauptsitz in Frankfurt am Main. Sie ist die Währungsbehörde der Euro-Staaten und bildet mit den nationalen Zentralbanken gemäß Art. 282 Abs. 1 AEUV das Europäische System der Zentralbanken (ESZB). Das ESZB soll die Preisstabilität gewährleisten und die allgemeine Wirtschaftspolitik der Mitgliedstaaten unterstützen. Seit dem 01.11.2003 ist der französische Finanzexperte Jean-Claude Trichet Präsident der EZB. Seine Amtszeit beträgt acht Jahre. Eine Wiederwahl ist gemäß Art. 283 Abs. 2 UAbs. 3 AEUV nicht möglich.

### 3.1.7 Der Rechnungshof

Der Rechnungshof wurde 1975 eingerichtet und hat seinen Sitz in Luxemburg. Er nimmt gemäß Art 285 Abs. 1 AEUV die Rechnungsprüfung der Union vor. Der Rechnungshof besteht aus einem Staatsangehörigen je Mitgliedstaat, der für sechs Jahre ernannt wird. Eine Wiederernennung ist zulässig. Aus ihrer Mitte wählen die Mitglieder des Rechnungshofes ihren Präsidenten für drei Jahre, wobei hier eine Wiederwahl möglich ist. Derzeitiger Präsident ist der Portugiese Vitor Manuel da Silva Caldeira.

Der Rechnungshof legt den übrigen Organen der Union gemäß Art. 287 Abs. 4 UAbs. 1 S. 2 AEUV einen jährlichen Prüfbericht über das abgeschlossene Haushaltsjahr vor, der auch im Amtsblatt der Europäischen Union zusammen mit den Antworten dieser Organe auf die Bemerkungen des Rechnungshofes veröffentlicht wird. Er unterstützt das Parlament und den Rat bei der Kontrolle der Ausführung des Haushaltsplanes, Art. 287 Abs. 4 UAbs. 4 AEUV.

### 3.1.8 Die beratenden Einrichtungen der Union

Als beratende Ausschüsse werden gemäß Art. 13 Abs. 4 EUV i.V.m. Art. 300 Abs. 1 AEUV der Wirtschafts- und Sozialausschuss (EWSA) und der Ausschuss der Regionen (AdR) tätig. Obwohl sie keine Organstellung haben, müssen die Ausschüsse bei Rechtsetzungsverfahren formell durch Anhörung und Abgabe einer Stellungnahme am Verfahren beteiligt werden, sofern die Beteiligung in den Verträgen für das betreffende Verfahren vorgesehen ist. Unterbleibt diese Beteiligung, ist der Rechtsakt wegen Verstoßes gegen eine wesentliche Formvorschrift nichtig.

#### 3.1.8.1 Der Wirtschafts- und Sozialausschuss (EWSA)

Der Wirtschafts- und Sozialausschuss setzt sich gemäß Art. 300 Abs. 2 AEUV aus Vertretern der Organisationen der Arbeitgeber und der Arbeitnehmer sowie anderen Vertretern der Zivilgesellschaft, insbesondere aus dem sozialen und wirtschaftlichen, dem staatsbürgerlichen, dem beruflichen und dem kulturellen Bereich zusammen. Er umfasst 344 Mitglieder, die von den Mitgliedstaaten der Union anhand eines bestimmten Verteilungsschlüssels[15], der sich an der Größe der Mitgliedstaaten orientiert, vorgeschlagen und anschließend vom Rat ernannt werden. Nach Art. 301 Abs. 1 AEUV darf die Mitgliederzahl von 350 nicht überschritten werden.

---

[15] vgl. Art. 7 des Protokolls Nr. 36 im Anhang des EU-Vertrages

Neben den vertraglich vorgesehenen Anhörungsrechten kann der EWSA auch von sich aus Stellungnahmen in den Fällen abgeben, in denen er es für zweckmäßig erachtet. Des weiteren können das Parlament, der Rat und die Kommission den EWSA um eine Stellungnahme bitten, wann immer sie es für zweckmäßig halten, Art. 304 Abs. 1 AEUV.

#### 3.1.8.2 Der Ausschuss der Regionen (AdR)

Der Ausschuss der Regionen besteht ebenfalls aus 344 Mitgliedern. Er setzt sich gemäß Art. 300 Abs. 3 AEUV aus Vertretern der regionalen und lokalen Gebietskörperschaften zusammen, die entweder ein auf Wahlen beruhendes Mandat in einer regionalen oder lokalen Gebietskörperschaft innehaben oder gegenüber einer gewählten Versammlung politisch verantwortlich sind.

Ebenso wie der EWSA hat der AdR Anhörungsrechte im Gesetzgebungsverfahren, und zwar in den Fällen, in denen regionale oder lokale Interessen betroffen sind. Darüber hinaus hat er seit dem Vertrag von Lissabon die Möglichkeit, Nichtigkeitsklage vor dem Gerichtshof der Europäischen Union zu erheben, wenn er der Ansicht ist, dass ein bestimmter Rechtsakt das Subsidiaritätsprinzip verletzt (vgl. Art. 8 des Subsidiaritätsprotokolls).

## 3.2 Die Organisation der Union im Überblick

**EUROPÄISCHER RAT, Art. 15 EUV i.V.m. Art. 235 f. AEUV**
**„Impulsgeber für die EU-Politik" „Weisungsgeber"**

- Treffen der Staats- und Regierungschefs („EU-Gipfel")
- Entscheidung über politische Leitlinien und Grundsätze
- keine Beteiligung an Rechtssetzung, Art. 15 I 2 EUV

**(MINISTER-)RAT, Art. 16 EUV i.V.m. Art. 237 ff. AEUV**
**„Legislativorgan mit Koordinierungsfunktion"**

- tagt in zehn unterschiedlichen Ratsformationen je nach Themengebiet
- erlässt Rechtsakte und legt Haushalt fest (gemeinsam mit Parlament)

**EWSA, Art.13 IV EUV i.V.m. Art.300 ff. AEUV**
**„Beratende Einrichtung"**

- Anhörung bei Rechtsakten zur Wirtschafts- und Sozialpolitik

**EUROPÄISCHES PARLAMENT, Art. 14 EUV i.V.m. Art. 223 ff. AEUV**
**„Entscheidungs- und Kontrollorgan"**

- gemeinsam mit Rat erlässt es Rechtsakte und legt Haushalt fest
- Möglichkeit eines Misstrauensantrags gegen Kommission, Art. 234 AEUV
- Wahl des Präsidenten der Kommission, Art. 17 VII EUV

**AdR, Art. 13 IV EUV i.V.m. Art. 300 ff. AEUV**
**„Beratende Einrichtung"**

- Anhörung bei Rechtsakten, die Regionalinteressen betreffen

**KOMMISSION, Art. 17 EUV i.V.m. Art. 244 ff. AEUV**
**„Hüterin der Verträge", „Motor der Integration", Exekutivorgan**

- überwacht Einhaltung der Verträge (Beihilfekontrolle; Art. 258 AEUV)
- alleiniges Initiativrecht für Gesetzgebungsakte
- Verwaltungsorgan beim Unionsrechtsvollzug z.B. im Beihilfenrecht

**EZB, Art. 13 III EUV i.V.m. Art. 282 ff. AEUV**
**„Währungsbehörde der Euro-Staaten"**

- gewährleistet Preisstabilität
- unterstützt Wirtschaftspolitik

**Rechnungshof, Art. 13 III EUV i.V.m. Art. 285 ff. AEUV**
**„Rechnungsprüfungsorgan"**

- legt den anderen Organen jährlichen Prüfbericht vor
- unterstützt und kontrolliert die Ausführung des Haushaltsplans

**Gerichtshof der Europäischen Union, Art. 19 EUV i.V.m. Art. 251 ff. AEUV**
**Rechtsprechungsorgan**

- Sicherung und Wahrung das Unionsrecht, Art. 19 I EUV
- Auslegungsmonopol hinsichtlich gesamten Unionsrechts
- Verwerfungsmonopol hinsichtlich sekundären Unionsrechts

# 4 Die Rechtsetzung durch die Union

Die Union nimmt ihre Kompetenzen durch ihre Organe wahr. Nach Art. 288 AEUV nehmen die Organe für die Ausübung ihrer Zuständigkeit als verbindliche Rechtsakte Verordnungen, Richtlinien, Beschlüsse an.

Verordnungen, Richtlinien und Beschlüsse werden in unterschiedlichen Rechtsetzungsverfahren erlassen. Sie können einmal als Gesetzgebungsakte erlassen werden, dann ist ihnen ein bestimmtes Gesetzgebungsverfahren vorgeschaltet (vgl. Art. 289 Abs. 3 AEUV). Es gibt aber auch Verordnungen, Richtlinien und Beschlüsse, die keinen Gesetzgebungscharakter aufweisen und dementsprechend in anderen Verfahren als dem Gesetzgebungsverfahren erlassen werden (vgl. 297 Abs. 2 AEUV).

Der Vertrag von Lissabon unterscheidet für den Erlass von Rechtsakten, die Gesetzgebungscharakter haben, zwischen dem „ordentlichen Gesetzgebungsverfahren“ (früher Verfahren der Mitentscheidung) und den „besonderen Gesetzgebungsverfahren“ (Anhörungsverfahren und Zustimmungsverfahren). Welches Verfahren einschlägig ist, bestimmt die jeweilige Ermächtigungsnorm.

Die Gesetzgebungsverfahren haben einen dreistufigen Aufbau gemeinsam: Das Initiativrecht liegt in allen Fällen bei der Kommission. Anschließend muss der Rat über die Vorlage beraten. Das Mitwirkungsrecht des Europäischen Parlaments hängt vom Typ des Verfahrens ab und reicht von einer bloßen Anhörung bis zum Erfordernis seiner Zustimmung. Vereinzelt ist zusätzlich eine Anhörung des EWSA gemäß Art. 304 AEUV oder des AdR gemäß Art. 307 AEUV vorgesehen. Am Ende des Verfahrens steht eine Entscheidung.

Rechtsakte ohne Gesetzgebungscharakter werden in Verfahren erlassen, in denen eine Beteiligung des Europäischen Parlaments in der Regel nicht vorgesehen ist. Nur im Einzelfall ist dessen Anhörung wie in Art. 78 Abs. 3 AEUV oder gelegentlich sogar dessen Zustimmung wie in Art. 86 Abs. 4 S. 2 AEUV für den Erlass des Rechtsaktes erforderlich.

## 4.1 Die Rechtsakte im Überblick

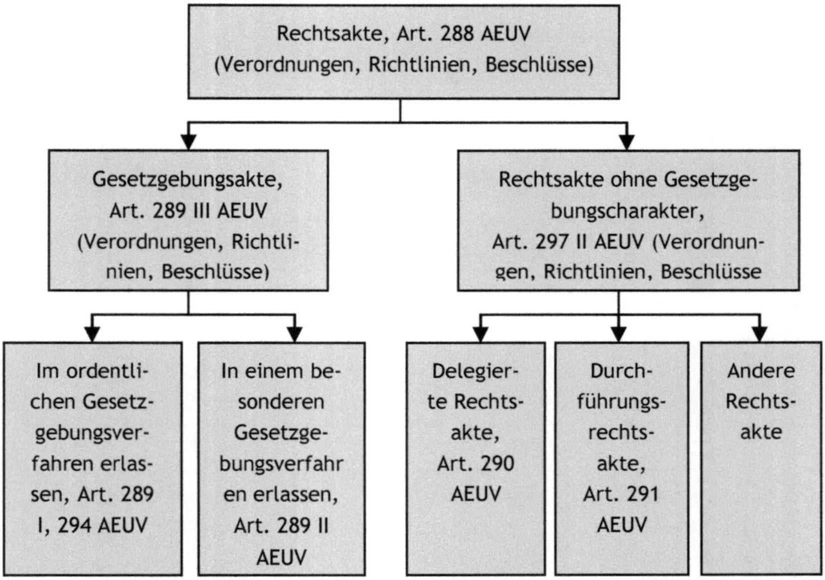


## 4.2 Das ordentliche Gesetzgebungsverfahren

Das ordentliche Gesetzgebungsverfahren ist das Regelverfahren zur Begründung unionsrechtlicher Vorschriften durch den Rat und das Europäische Parlament auf Vorschlag der Kommission, vgl. Art. 289 Abs. 1 AEUV. Die meisten primärrechtlichen Ermächtigungsnormen verweisen auf dieses Gesetzgebungsverfahren. Einige davon sind zum Beispiel: Art. 18 Abs. 2 (Regelungen für das Verbot von Diskriminierungen), Art. 21 Abs. 2 (Regelungen zur Gewährleistung der allgemeinen Freizügigkeit der Unionsbürger), Art. 46 Abs. 1 (Erlass von Maßnahmen, um die spezielle Freizügigkeit der Arbeitnehmer herzustellen), Art. 114 Abs. 1 (Maßnahmen zur Angleichung der Rechts- und Verwaltungsvorschriften der Mitgliedstaaten, welche die Errichtung und das Funktionieren des Binnenmarktes zum Gegenstand haben), Art. 169 Abs. 3 AEUV (Ermächtigungsgrundlage für Verbraucherschutzvorschriften).

Den Ablauf des Verfahrens, der auf der folgenden Seite dargestellt wird, regelt Art. 294 AEUV.

## 4.3 Ablauf des ordentlichen Gesetzgebungsverfahrens

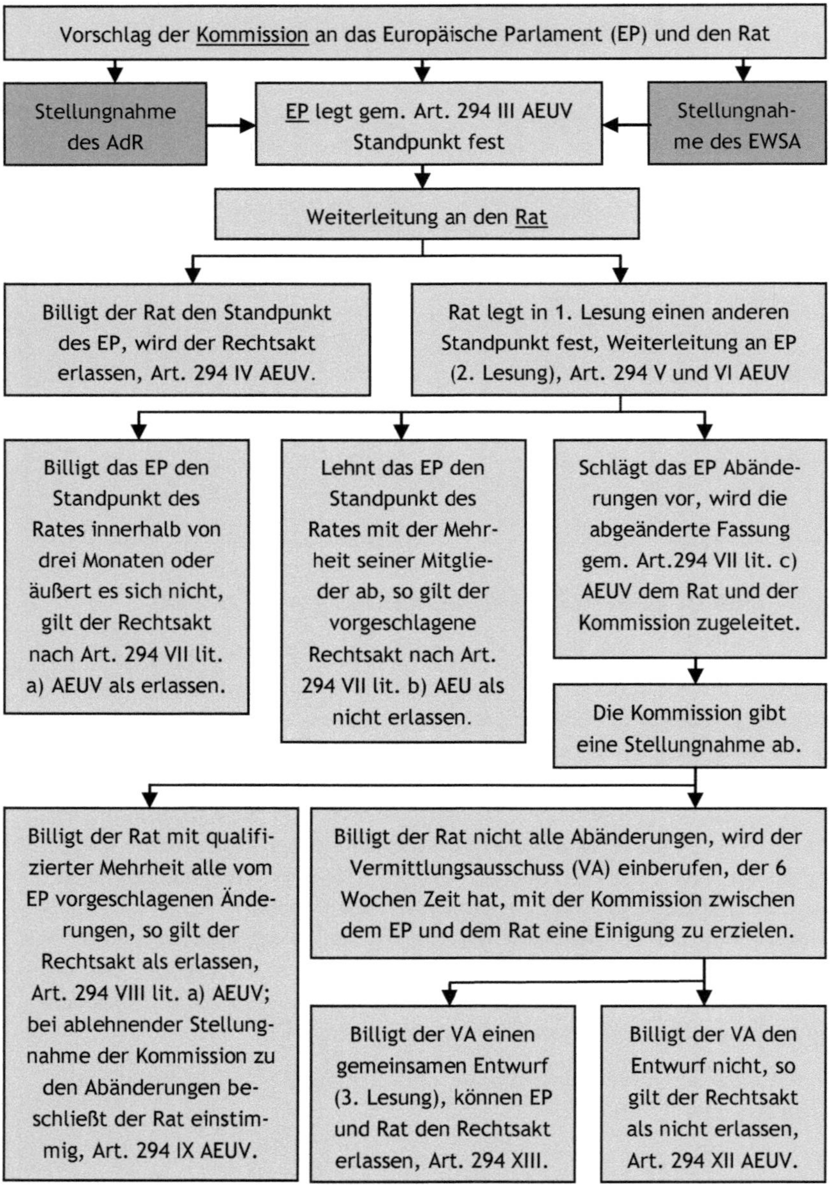

## 4.4 Besondere Gesetzgebungsverfahren

Neben dem ordentlichen Gesetzgebungsverfahren spielen die besonderen Gesetzgebungsverfahren quantitativ eine untergeordnete Rolle. Zentraler Entscheidungsträger ist bei ihnen nach wie vor der Rat, das Initiativrecht liegt wie immer bei der Kommission. Einzige Ausnahme bildet Art. 223 Abs. 2 AEUV, wonach das Parlament aus eigener Initiative gemäß einem besonderen Gesetzgebungsverfahren durch Verordnung nach Anhörung der Kommission und mit Zustimmung des Rates die Regelungen und die allgemeinen Bedingungen für die Wahrnehmung der Aufgaben der Abgeordneten festlegt.

Die besonderen Gesetzgebungsverfahren werden vor allen Dingen in den Fällen vorgeschrieben, in denen sich die Mitgliedstaaten noch nicht auf das ordentliche Gesetzgebungsverfahren verständigen konnten. Allerdings ist in Art. 47 Abs. 7 UAbs. 2 AEUV vorgesehen, dass ohne Vertragsänderung durch Beschluss des Europäischen Rates vom besonderen auf das ordentliche Gesetzgebungsverfahren übergegangen werden kann.

### 4.4.1 Das Anhörungsverfahren

Das Anhörungsverfahren ist die älteste Verfahrensart und die schwächste Form der Beteiligung durch das Europäische Parlament. Es besteht zwar eine Anhörungspflicht des Rates dem Europäischen Parlament gegenüber - und wird das Parlament nicht angehört, führt dies zu Nichtigkeit des Rechtsaktes -, es besteht aber keine Bindung an dessen Stellungnahme. Nach der Anhörung beschließt das Parlament unabhängig vom Ergebnis der Stellungnahme in der mit der in der jeweiligen Ermächtigungsnorm vorgesehenen Mehrheit. Weicht der Beschluss des Rates aber wesentlich von dem ab, wozu das Parlament gehört worden ist, muss die Anhörung wiederholt werden. Weicht der Rat vom Kommissionvorschlag ab, so muss er dies einstimmig tun, Art. 293 Abs. 1 AEUV.

Das Anhörungsverfahren wird zum Beispiel angewendet für Maßnahmen, die die soziale Sicherheit und den sozialen Schutz im Rahmen der generellen Freizügigkeit der Unionsbürger in den Hoheitsgebieten der Mitgliedstaaten betreffen (vgl. Art. 21 Abs. 3 AEUV) und für Einzelheiten, die das aktive und passive Wahlrecht der Unionsbürger mit Wohnsitz in einem Mitgliedstaat, dessen Staatsangehörigkeit er nicht besitzt, regeln (Art. 22 Abs. 1 AEUV). Weitere Ermächtigungsnormen für das Anhörungsverfahren sind: Art. 23 Abs. 1, Art. 77 Abs. 3, Art. 81 Abs. 3, 87 Abs. 3, Art. 89, Art. 118 Abs. 2 und Art. 126 Abs. 14 UAbs. 2 AEUV. Außerdem erlässt der Rat nach Art. 113 AEUV nach Anhörung des Europäischen Parlaments und des EWSA einstimmig die Bestimmungen zur Harmonisierung der Rechtsvorschriften über die Umsatzsteuern, die Verbrauchsabgaben und sonstige indirekte Steuern, soweit diese Harmonisierung für die Errichtung und das Funktionieren des Binnenmarkts und die Vermeidung von Wettbewerbsverzerrungen notwendig ist.

### 4.4.2 Das Zustimmungsverfahren

Das Zustimmungsverfahren wird nur noch in Einzelfällen genutzt. Das Europäische Parlament muss zwar im laufenden Verfahren nicht angehört werden, es muss aber dem Rechtsakt zustimmen. Anwendung findet dieses Verfahren in Art. 25 Abs. 2 und Art. 86 Abs. 1 AEUV.

### 4.4.3 Andere Rechtsetzungsverfahren

Die Verfahren zum Erlass von Rechtsakten ohne Gesetzgebungscharakter sehen eine Beteiligung des Parlaments nur in Ausnahmefällen vor. Dies liegt teilweise entweder darin begründet, dass in bestimmten Materien wie zum Beispiel der GASP schnelle Entscheidungen erforderlich sind, oder aber auch ein vorgeschaltetes Gesetzgebungsverfahren bereits stattgefunden hat und jetzt nur noch Durchführungsverordnungen erlassen werden. Andere Rechtsetzungsverfahren finden sich zum Beispiel in Art. 74 S. 2, Art. 78 Abs. 3, Art. 103 Abs. 1, Art. 290 oder Art. 291 AEUV sowie in Art. 7 Abs. 1 oder Art. 14 Abs. 2 UAbs. 2 EUV.

## 4.5 Formelle Wirksamkeitsvoraussetzungen

Zu ihrer formellen Wirksamkeit bedürfen die Rechtsakte sowohl einer Begründung (Art. 296 Abs. 2 AEUV) als auch ihrer Bekanntmachung bzw. Veröffentlichung (Art. 297 AEUV).

### 4.5.1 Begründungspflicht aus Art. 296 Abs. 2 AEUV

Gemäß Art. 296 Abs. 2 AEUV sind die Rechtsakte mit einer Begründung zu versehen und müssen auf die in den Verträgen vorgesehenen Vorschläge, Initiativen, Empfehlungen, Anträgen und Stellungnahmen Bezug nehmen. Der betreffende Rechtsakt muss grundsätzlich auch seine Ermächtigungsgrundlage erkennen lassen. Es reicht aber aus, wenn diese sich aus den Begründungserwägungen ergibt.

Insgesamt soll die Begründung den Adressaten eines Rechtsaktes in die Lage versetzen, die entscheidenden Gesichtspunkte für seinen Erlass insbesondere im Hinblick auf die Rechtsverteidigung kennen zu lernen. Zum anderen soll sie dem Gerichtshof der Europäischen Union die effektive Ausübung seiner Rechtskontrolle ermöglichen.

Eine unzureichende Begründung kann als Verletzung wesentlicher Formvorschriften i.S.d. Art. 263 Abs. 2 AEUV zur Nichtigerklärung eines Rechtsaktes durch die europäische Gerichtsbarkeit führen.

### 4.5.2 Voraussetzungen für das Inkrafttreten

Die Voraussetzungen für das Inkrafttreten eines Rechtsaktes richten sich nach der Art und des Zustandekommens des betreffenden Rechtsaktes, vgl. Art. 297 AEUV.

Gemäß Art. 297 Abs. 1 AEUV sind Gesetzgebungsakte, die im ordentlichen Gesetzgebungsverfahren erlassen wurden, vom Präsidenten des Europäischen Parlaments und vom Präsidenten des Rates zu unterzeichnen. Gesetzgebungsgebungsakte, die nach einem besonderen Gesetzgebungsverfahren erlassen wurden, werden vom Präsidenten des Organs unterzeichnet, das sie erlassen hat. Gesetzgebungsakte sind stets im Amtsblatt der Europäischen Union zu veröffentlichen.

Rechtsakte ohne Gesetzgebungscharakter, die als Verordnung, Richtlinie oder Beschluss erlassen werden, sind gemäß Art. 297 Abs. 2 AEUV vom Präsidenten des Organs zu unterzeichnen, das sie erlassen hat. Sind die Rechtsakte nur an die Mitgliedstaaten oder an keinen bestimmten Adressaten gerichtet, werden sie im Amtsblatt der Europäischen Union veröffentlicht und treten zu dem im Rechtsakt festgelegten Tag, oder, ist kein Tag genannt, am 20. Tag nach ihrer Veröffentlichung in Kraft. Richtlinien und Beschlüsse, die an einen bestimmten Adressaten gerichtet sind, werden ihm gegenüber bekannt gegeben und treten mit ihrer Bekanntgabe in Kraft.

# 5 Der Vollzug des Unionsrechts

Das Unionsrecht wird durch die Organe der Union selbst oder durch die Mitgliedstaaten vollzogen. Wenn die Unionsorgane das Unionsrecht vollziehen, spricht man von unionseigenem bzw. **direkten** Vollzug. Da die Union jedoch nur sehr begrenzte Vollzugsbefugnisse durch die primärrechtlichen Verträge verliehen bekommen hat, ist der mitgliedstaatliche, d.h. **indirekte** Vollzug des Unionsrechts der Regelfall.

## 5.1 Unionseigener Vollzug

Innerhalb des unionseigenen Vollzugs unterscheidet man zwischen dem **unionsinternen** und dem **unionsexternen** Bereich. Der unionsinterne Bereich umfasst Personalangelegenheiten, die Ausführung des Haushaltes und die innere Organisation der Union. Hierfür sind nach den Verträgen sinnvoller Weise die Unionsorgane selbst zuständig (vgl. z.B. Art. 317 Abs. 1 AEUV für den Vollzug des Haushaltes). Der unionsexterne Vollzug bezieht sich auf den Vollzug des Unionsrechts im Verhältnis zu den Mitgliedstaaten. Hier ist der direkte Vollzug durch die Unionsorgane die Ausnahme. Insbesondere finden sich Ermächtigungsgrundlagen für den unionsexternen direkten Vollzug im Wettbewerbsrecht (Art. 105, 106 Abs. 3 AEUV) oder im Beihilfenrecht (Art. 108 AEUV). Ausführendes Organ für den unionsexternen Vollzug ist meistens die Kommission. Ihr Verwaltungshandeln erfolgt in der Regel in Form von Beschlüssen gemäß Art. 288 Abs. 4 AEUV, die insbesondere durch die Nichtigkeitsklage nach Art. 263 AEUV angefochten werden können.

## 5.2 Mitgliedstaatlicher Vollzug

Die Pflicht der Mitgliedstaaten zum Vollzug des Unionsrechts ergibt sich aus dem Grundsatz der Unionstreue, Art. 4 Abs. 3 EUV. Rechtsakte, die im mitgliedstaatlichen Vollzug ergehen, sind allein den nationalen Behörden und nicht den Unionsorganen zuzurechnen. Der Rechtsschutz gegen solche Rechtsakte richtet sich dementsprechend nur nach nationalem Recht. Innerhalb des mitgliedstaatlichen Vollzuges gibt es den unmittelbaren und den mittelbaren Vollzug von Unionsrecht.

### 5.2.1 Unmittelbarer mitgliedstaatlicher Vollzug

Von unmittelbarem mitgliedstaatlichen Vollzug spricht man, wenn der betreffende Rechtsakt der Union nicht mehr in nationales Recht umgewandelt werden muss, sondern direkt anwendbar und von den nationalen

Behörden zu vollziehen ist. Hauptfall ist der Erlass eines Verwaltungsaktes, der seine Grundlage in einer unionsrechtlichen Verordnung nach Art. 288 Abs. 2 AEUV hat. Der unmittelbare Vollzug findet aber auch statt bei unmittelbar anwendbaren Richtlinien oder Beschlüssen.

Wenn der unmittelbar anzuwendende Rechtsakt Ausführungen zum Verwaltungsverfahren trifft, so sind diese für das anzuwendende Verfahren maßgeblich. Ansonsten - und das ist der Regelfall - ist das nationale Verfahrensrecht heranzuziehen, und zwar unter folgenden Modifizierungen:

- Beachtung des **Grundsatzes der Gleichwertigkeit bzw. Äquivalenz** (früher: Diskriminierungsverbot): Bei Anwendung des nationalen Verwaltungsverfahrensrechts dürfen keine Unterschiede im Vergleich zu Verfahren gemacht werden, in denen über gleichartige, aber rein innerstaatliche Sachverhalte entschieden wird.
- Beachtung des **Effizienzgebotes:** Die Anwendung des mitgliedstaatlichen Verwaltungsverfahrens darf nicht dazu führen, dass die Verwirklichung der Unionsrechtsregelung praktisch unmöglich wird.

Die Kompetenzverteilung zwischen Bund und Ländern richtet sich beim unmittelbaren mitgliedstaatlichen Vollzug nach den Art. 83 ff. GG, allerdings nur in entsprechender Anwendung, da die direkte Anwendung die Vollziehung von Bundesrecht regelt. Das führt dazu, dass in der Regel die Länder für den unmittelbaren mitgliedstaatlichen Vollzug zuständig sind und dementsprechend die Verwaltungsverfahrensgesetze der Länder die maßgeblichen Verfahrensvorschriften enthalten.

### 5.2.2 Mittelbarer mitgliedstaatlicher Vollzug

Beim mittelbaren mitgliedstaatlichen Vollzug wird das Unionsrecht nicht unmittelbar angewendet, sondern erst durch das Hinzutreten eines mitgliedstaatlichen Umsetzungsaktes in das mitgliedstaatliche Recht transformiert. Meist geschieht dies in Form von Gesetzen. Hauptfall sind die unionsrechtlichen Richtlinien gemäß Art. 288 Abs. 3 AEUV.

Die Zuständigkeit zum Erlass von Gesetzen zur normativen Anpassung des deutschen Rechts an die unionsrechtlichen Vorgaben bestimmt sich – zumindest in entsprechender Anwendung - nach den Art. 70 ff. GG. Die Verwaltungszuständigkeit richtet sich nach Art. 83 ff., 30 GG, und zwar unstreitig in direkter Anwendung, da es sich um den Vollzug innerdeutschen Rechts handelt. Um die praktische Wirksamkeit des Unionsrechts nicht zu beeinträchtigen (Art. 4 Abs. 3 EUV), müssen auch beim mittelbaren mitgliedstaatlichen Vollzug die Grundsätze der Gleichwertigkeit und der Effektivität gewahrt werden.

### 5.2.3 Rückforderung unionsrechtswidriger Beihilfen

Gerade im Bereich der Rückforderung unionsrechtswidriger Beihilfen hat der Gerichtshof der Europäischen Union den Grundsatz der Gleichwertigkeit und das Effizienzgebot entwickelt und näher ausgestaltet. Das bedeutet, dass sich die Rücknahme von unionsrechtswidrigen Verwaltungsakten nicht schwieriger gestalten darf als die Rücknahme von rein nationalen Verwaltungsakten. Andererseits besagt in diesem Zusammenhang das Effizienzgebot, dass die Anwendung der nationalen Rücknahmevorschriften die Wirksamkeit des Unionsrechts nicht so weit beeinträchtigen darf, dass deren Wirksamkeit praktisch unmöglich wird.

Hebt eine nationale Behörde einen zuvor bewilligten und bestandskräftigen Subventionsbescheid auf und fordert sie die bereits gezahlte Subvention zurück, so sind in jedem Mitgliedstaat zugunsten des Subventionsempfängers Vertrauensschutzgesichtspunkte zu beachten. Der Vertrauensschutz ist insbesondere in der Regel dann schutzwürdig, wenn der Subventionsempfänger die empfangene Subvention bereits ausgegeben hat.

Die Grundsätze des Vertrauensschutzes und der Rechtssicherheit sind als allgemeine Rechtsgrundsätze auch in der Unionsrechtsordnung anerkannt. Deshalb widerspricht es grundsätzlich nicht dem Unionsrecht, wenn nationales Recht die Rückforderung von Beihilfen ausschließt, um dem Vertrauensschutz und der Rechtssicherheit zu genügen.[16]

Auf Vertrauensschutz kann sich allerdings nicht berufen, wer die Rechtswidrigkeit des Subventionsbescheides kannte oder infolge grober Fahrlässigkeit nicht kannte. Die Unkenntnis infolge grober Fahrlässigkeit soll bei unionsrechtlich gewährten Beihilfen bereits dann vorliegen, wenn der Begünstigte Gewerbetreibender ist und sich als solcher nicht vergewissert hat, ob die Subvention unter Beachtung des nach Art. 108 Abs. 3 AEUV vorgeschriebenen Notifizierungsverfahrens gewährt wurde. Denn einem sorgfältigen Gewerbetreibenden sei es regelmäßig möglich, sich zu vergewissern, ob das erforderliche Anmeldeverfahren eingehalten wurde.[17]

---

[16] EuGH Slg. 1983, 2633, Rn. 30 - Milchkontor

[17] EuGH Slg. 1997, I-1624, Rn. 25 – Alcan II

Kann dem Begünstigten kein Verschulden vorgeworfen werden, kann er sich aber dennoch nicht auf Vertrauensschutz berufen, wenn ansonsten das Unionsrecht nicht zur praktischen Anwendung kommen würde (Effizienzgebot). Hinsichtlich der im deutschen Recht durchzuführenden Interessenabwägung zwischen dem Vertrauensschutz des Begünstigten und dem öffentlichen Interesse bedeutet dies, dass dem öffentlichen Interesse an einer unionsrechtskonformen Handlungsweise immer ein höherer Stellenwert beizumessen ist als dem Interesses des einzelnen Begünstigten an der Aufrechterhaltung des Bescheides. Das hat zur Folgen, dass der Subventionsempfänger sogar dann die empfangene Subvention zurückgewähren muss, wenn er sie im Vertrauen auf ihre Rechtmäßigkeit bereits verbraucht hat.

Das gilt auch dann, wenn eine Ausschlussfrist, die regelmäßig dem Vertrauensschutz und der Rechtssicherheit dient, für die Rücknahme des Verwaltungsaktes bereits verstrichen ist.

Argumentiert wird, dass in den Fällen, in denen der Subventionsempfänger hätte wissen müssen, dass die Subvention unter Verstoß der Art. 108 Abs. 3 AEUV vergeben wurde, der Grundsatz der Rechtssicherheit gar nicht gewahrt werden müsse. Der Begünstigten hätte nämlich wissen müssen, dass aufgrund der Missachtung des Verfahrens nach Art. 108 Abs. 3 AEUV seine Rechtsposition nicht gesichert ist.

In den Fällen, in denen der Begünstigte dies nicht hätte wissen müssen, ist die Ausschlussfrist allerdings auch nicht anwendbar. Abgestellt wird schlicht und einfach auf das Effizienzgebot. Der Gerichtshof führt hierzu aus, dass nach seiner ständigen Rechtsprechung ein Mitgliedstaat sich nicht auf Bestimmungen, Übungen oder Umstände berufen könne, um sich der Durchführung unionsrechtlicher Verpflichtungen zu entziehen. Insbesondere müsse eine Bestimmung, die die Rücknahme eines begünstigenden Verwaltungsaktes nur binnen bestimmter Frist zulässt, dergestalt angewendet werden, dass die unionsrechtlich vorgeschriebene Rückforderung nicht praktisch unmöglich und das Unionsinteresse voll berücksichtigt wird.[18]

Ein etwaiges Ermessen für die Rückforderung unionsrechtswidriger Beihilfen ist außerdem wegen der praktischen Wirksamkeit des Unionsrechts aus Art. 4 Abs. 3 EUV auf Null dahingehend reduziert, dass zurückgenommen bzw. zurückgefordert werden muss.

---

[18] EuGH Slg. 1990, I-3437, Rn.19 – BUG-Alutechnik

Das Spannungsverhältnis zwischen dem grundsätzlich selbständigen mitgliedstaatlichen Vollzug und dem Erfordernis einer einheitlichen und wirksamen Anwendung des Unionsrechts wurde also insbesondere bei der Rückforderung von unionsrechtswidrigen Beihilfen zugunsten der Wirksamkeit des Unionsrechts gelöst, so dass man in der Literatur auch von einer „Europäisierung des Vertrauensschutzes“ spricht.[19]

## 5.3 Der Vollzug des Unionsrecht im Überblick

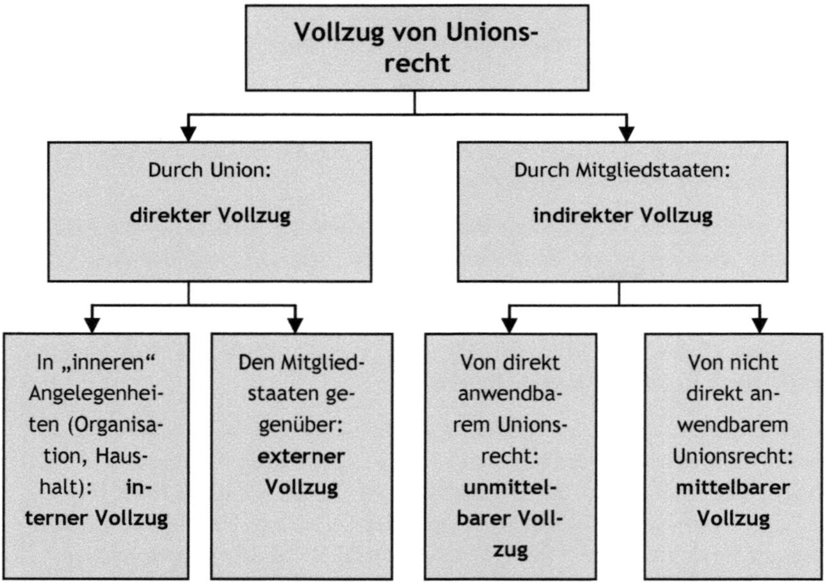


[19] Triantafyllou, NVwZ 1992, 436, 441

# 6 Quellen des Unionsrechts

Bei den Rechtsquellen des Europarechts unterscheidet man zwischen dem primären, dem sekundären und dem tertiären Unionsrecht.

## 6.1 Primäres Recht

Zum Primärrecht zählen die Gründungsverträge zur EU, also der Vertrag über die Europäische Union (EUV) und der Vertrag über die Arbeitsweise der Europäischen Union (AEUV) sowie gemäß Art. 51 EUV auch deren Protokolle und Anhänge. Die vorherigen Verträge wie die Einheitliche Europäische Akte (EEA), der Maastricht-Vertrag, der Vertrag von Amsterdam, der Vertrag von Nizza oder zuletzt der Vertrag von Lissabon enthalten primäres Recht, soweit sie die Verträge ändern oder ergänzen.

Zum primären Recht gehört auch das ungeschriebene Unionsrecht wie Gewohnheitsrecht oder Allgemeine Rechtsgrundsätze, die aus den Rechtsordnungen der Mitgliedstaaten entwickelt wurden. Die Allgemeinen Rechtsgrundsätze der Mitgliedstaaten erlangten vor allen Dingen Bedeutung bei der Begründung von Unionsgrundrechten, die mittlerweile in der Charta der Grundrechte der EU kodifiziert und durch Verweisung in Art. 6 Abs. 1 EUV Rechtsverbindlichkeit erlangt haben.

Darüber hinaus haben auch völkerrechtliche Verträge primären Rechtsrang. Art. 216 Abs. 2 AEUV bestimmt, dass die internationalen Übereinkünfte, die die Union mit Drittstaaten schließt, sowohl die Organe als auch die Mitgliedstaaten bindet.

## 6.2 Sekundäres Recht

Als Sekundärrecht bezeichnet man das von den Organen der Union geschaffene Recht. Da jedes Organ gemäß Art. 13 Abs. 2 EUV nur „nach Maßgabe der ihm in den Verträgen zugewiesenen Befugnisse“ handeln darf, nennt man das sekundäre Unionsrecht auch „abgeleitetes Recht“. Das abgeleitete Recht ist nachrangig gegenüber dem primären Unionsrecht und deshalb hinsichtlich seiner Rechtmäßigkeit an ihm zu messen. Zum sekundären Unionsrecht zählen gemäß Art. 288 Abs. 1 AEUV Verordnungen, Richtlinien, Beschlüsse, Empfehlungen und Stellungnahmen.

## 6.3 Tertiäres Unionsrecht

Darüber hinaus gibt es noch das tertiäre Unionsrecht: Dazu gehören Rechtsakte, die auf der Grundlage von sekundären Rechtsakten ergehen und nur mittelbar auf dem primären Unionsrecht beruhen, also dementsprechend erst recht „abgeleitetes Unionsrecht" darstellen. Beispiele für tertiäres Unionsrecht sind zum Beispiel Rechtsakte, die der Rat gemäß Art. 290 Abs. 1 AEUV an die Kommission delegiert sowie Durchführungsverordnungen, die die Kommission nach Art. 291 Abs. 2 AEUV erlassen darf.

## 6.4 Die Normenhierarchie des Unionsrechts

**Primäres Unionsrecht**

Kodifiziert in den Gründungsverträgen (EUV und AEUV)

\+ deren Protokolle und Anhänge, vgl. Art. 51 EUV

\+ Vertragsänderungen oder -ergänzungen durch die übrigen Verträgen

Nicht kodifiziertes Gewohnheitsrecht und Allgemeine Rechtsgrundsätze als ungeschriebenes Primärrecht der Union, vgl. Art. 6 III EUV

**Völkerrechtliche Verträge**

binden Mitgliedstaaten und Organe der Union, Art. 216 II AEUV

**Sekundäres Unionsrecht**

d.h. von den Organen der Union geschaffenes Recht

(vgl. Art. 288 AEU)

| Verordnung, Art. 288 II AEUV | Richtlinie, Art. 288 III AEUV | Beschluss, Art. 288 IV AEUV | Empfehlung, Stellungnahme, Art. 288 V AEUV |
|---|---|---|---|

**Tertiäres Unionsrecht**,

d.h. Rechtsakte ohne Gesetzescharakter, die auf der Grundlage von sekundären Rechtsakten ergehen und nur mittelbar auf dem primären Unionsrecht beruhen

# 7 Anwendbarkeit des Unionsrecht

Durch die Übertragung von Hoheitsrechten in den Gründungsverträgen zu den Europäischen Gemeinschaften und der Union haben die Mitgliedstaaten eine eigene Rechtsordnung geschaffen, die über eigene Organe, einen eigenen Normenbestand und über ein eigenes Rechtsschutzsystem verfügt. Die Unionsorgane sind mit Rechtsetzungsbefugnissen ausgestattet. Die von ihnen erlassenen Rechtsvorschriften sind weder dem nationalen noch dem Völkerrecht zuzuordnen, sondern bilden zusammen mit den Gründungsverträgen und den ungeschriebene Rechtsgrundsätzen eine eigenständige Rechtsordnung, die aus einer autonomen Rechtsquelle fließt. Da der Geltungsanspruch des eigenen Rechts jeder Rechtsordnung wesensimmanent ist, folgt der Geltungsanspruch des Unionsrechts bereits aus dessen Eigenständigkeit.

Davon zu trennen ist allerdings die Frage, ob sich auch der Einzelne direkt auf das Unionsrecht berufen kann, oder ob sich das Unionsrecht nur an die Mitgliedstaaten wendet.

## 7.1 Die direkte Anwendbarkeit von Primärrecht

Vorschriften des primären Unionsrechts richten sich grundsätzlich und in erster Linie an die Mitgliedstaaten. In der Anfangsphase der Europäischen Wirtschaftsgemeinschaft war deshalb zunächst unklar, ob sich auch der Einzelne direkt auf primärrechtliche Vorschriften berufen kann. In der Grundsatz-Entscheidung *van Gend & Loos"*[20] entschied der Europäische Gerichtshof, dass mit dem EWG-Vertrag nicht nur Verpflichtungen unter den Mitgliedstaaten begründet worden seien, sondern auch Verpflichtungen gegenüber den einzelnen Bürgern. Eine primärrechtliche Vorschrift ist nach der Rechtsprechung des Gerichtshofs unmittelbar anwendbar, wenn sie

- *„rechtlich vollkommen"*, d.h. ohne weitere Konkretisierung vollziehbar,
- *„inhaltlich unbedingt"* ist sowie
- den Mitgliedstaaten *„konkrete" Handlungs- oder Unterlassungspflichten* auferlegt.

[20] EuGH Slg. 1963, 1 ff.

Das gilt insbesondere für die Grundfreiheiten als besondere Diskriminierungsverbote, für Art. 18 AEUV als allgemeines Diskriminierungsverbot und für kartell- und beihilferechtliche Bestimmungen. Nach der Rechtsprechung des Gerichtshofs sind folgende Bestimmungen unmittelbar anwendbar:

- Art. 18 AEUV über das Verbot jeder Diskriminierung aus Gründen der Staatsangehörigkeit
- Art. 30 AEUV über das Verbot von Ein- und Ausfuhrzöllen oder Abgaben gleicher Wirkung
- Art. 34 und 35 AEUV über das Verbot von mengenmäßigen Ein- und Ausfuhrbeschränkungen
- Art. 45 AEUV über die Freizügigkeit der Arbeitnehmer
- Art. 49 AEUV über die Niederlassungsfreiheit
- Art. 56 AEUV über die freie Ausübung von Dienstleistungen in den einzelnen Mitgliedstaaten
- Art. 101 AEUV über das Verbot von Vereinbarungen zwischen Unternehmen und Art. 102 AEUV über das Verbot einer missbräuchlichen Ausnutzung einer beherrschenden Stellung auf dem Gemeinsamen Markt
- Art. 108 AEUV über staatliche Beihilfen
- Art. 110 AEUV über das Verbot der steuerlichen Diskriminierung von Einfuhren
- Art. 157 AEUV über die Gleichbehandlung von Männern und Frauen.

## 7.2 Die direkte Anwendbarkeit von Sekundärrecht

Ob sekundärrechtliche Vorschriften unmittelbar anwendbar sind, hängt davon ab, um welchen Rechtsakt es sich nach Art. 288 AEUV handelt.

### 7.2.1 Die unmittelbare Wirksamkeit von Verordnungen

Gemäß Art. 288 Abs. 2 AEUV sind Verordnungen in all ihren Teilen verbindlich und gelten unmittelbar in jedem Mitgliedstaat. Sie müssen von den Mitgliedstaaten deshalb nicht in nationales Recht umgesetzt werden, sondern haben eine „Durchgriffswirkung". Somit sind auch keine Modifikationen in den Mitgliedstaaten möglich (sog. „Umsetzungsverbot"). Die Verordnung entspricht den abstrakt-generellen Regelungen der Mitgliedstaaten in Form von Gesetzen.

### 7.2.2 Die verbindliche Rahmenvorgabe durch Richtlinien

Richtlinien sind gemäß Art. 288 Abs. 3 AEUV hinsichtlich des zu erreichenden Ziels verbindlich, überlassen den Mitgliedstaaten aber die Wahl der Form und Mittel. Richtlinien sind mit der innerstaatlichen Rahmengesetzgebung vergleichbar. Grundsätzlich erlangen Richtlinien erst Wirksamkeit, wenn sie durch die Mitgliedstaaten in nationales Recht umgesetzt wurden.

#### 7.2.2.1 Mitgliedstaatliche Umsetzung von Richtlinien

Die Umsetzung in nationales Recht muss ordnungsgemäß und fristgerecht erfolgen. Welche Voraussetzungen an die ordnungsgemäße Umsetzung zu stellen sind, soll die folgende Entscheidung des Gerichtshofs verdeutlichen:[21]

Die EG (als Rechtsvorgängerin der Union) erließ zwei Richtlinien, die Grenzwerte für die Konzentration von Schwefeldioxid und Bleigehalt in der Luft festlegten. Die Bundesrepublik Deutschland setzte diese Richtlinien durch eine auf § 48 BImSchG gestützte Verwaltungsvorschrift (TA-Luft) um.

Der Gerichtshof hielt diese Richtlinien-Umsetzung für unzureichend, da der Betroffene in der Lage sein müsse, von seinen Rechten Kenntnis zu erlangen und diese vor den nationalen Gerichten geltend zu machen. Das wäre bei einer bloß verwaltungsrechtlichen und nicht nach außen wirkenden Vorschrift nicht gewährleistet.

Abschließend stellte der Gerichtshof folgende Voraussetzungen für eine ordnungsgemäße Richtlinien-Umsetzung auf:

- Die Umsetzungsmaßnahme darf *inhaltlich nicht* hinter den Vorgaben der Richtlinie *zurückbleiben.*
- Die Umsetzung muss so *klar und bestimmt* erfolgen, dass der Betroffene in der Lage ist, von seinen Rechten Kenntnis zu erlangen.
- Die nationale Regelung muss eine *zwingende Vorschrift*, d.h. ein Rechtssatz mit Außenwirkung (Gesetz, Verordnung i.S.d. Art. 80 GG) sein, damit der Betroffene sich vor Gericht darauf berufen kann.

Als Reaktion auf dieses Urteil hat der deutsche Gesetzgeber die Verordnungsermächtigung des § 48a Bundesimmissionsschutzgesetz (BImSchG) geschaffen.

---

[21] nach EuGH Slg. 1991, I-2567 ff. – TA-Luft

Die Richtlinie muss darüber hinaus nicht nur ordnungsgemäß, sondern auch fristgerecht umgesetzt werden. Denn zur Umsetzung der Richtlinie wird den Mitgliedstaaten eine bestimmte Frist gesetzt.

#### 7.2.2.2 Die unmittelbare Wirksamkeit von Richtlinien

Verstreicht die Frist zur Richtlinienumsetzung oder wird die Richtlinie nicht ordnungsgemäß umgesetzt[22], entfaltet die Richtlinie bzw. einzelne Bestimmungen aus ihr nach ständiger Rechtsprechung des Europäischen Gerichtshofs unmittelbare Wirksamkeit, wenn sie

- inhaltlich unbedingt und
- hinreichend genau sind, so dass sich aus ihr konkrete Rechte und Pflichten ableiten lassen (sog. „self-executing-Normen“).

„Inhaltlich unbedingt“ ist eine Richtlinienbestimmung dann, wenn sie weder mit einem Vorbehalt noch mit einer sonstigen Bedingung versehen ist, so dass es keiner weiteren gestaltenden Maßnahme der Mitgliedstaaten bedarf.

Die Richtlinie ist „hinreichend genau“, wenn sie ohne weitere Konkretisierung durch Behörden und Gerichte angewendet werden kann. So müssen der von ihr begünstigte Personenkreis sowie die Rechte, die dem Einzelnen gewährt werden sollen, hinreichend bestimmbar sein. Die Verwendung unbestimmter Rechtsbegriffe schadet nicht, da deren Auslegung entweder durch die nationalen Gerichte oder nach Vorlage durch den Gerichtshof vorgenommen werden kann. Der den Mitgliedstaaten eröffnete grundsätzliche Ermessensspielraum bei der Umsetzung von Richtlinien ändert nichts an der hinreichenden Bestimmtheit, da damit nur das „Wie“ der Verwirklichung des Schutzes, nicht aber das „Ob“ der Gewährung des Schutzes in Frage gestellt wird.

Die genannten Voraussetzungen müssen nicht die gesamte Richtlinie erfassen. Es genügt, wenn die inhaltliche Unbedingtheit und die hinreichende Bestimmtheit für den Teil der Richtlinie vorliegen, auf den sich der Bürger berufen möchte. Denkbar ist auch, dass die Richtlinie nur hinsichtlich ihres Ziels unmittelbar anwendbar ist.

Die unmittelbare Wirksamkeit einer nicht umgesetzten Richtlinie ist von den Behörden und Gerichten von Amts wegen zu berücksichtigen (sog.

---

[22] vgl. 7.2.2.1

objektive Wirksamkeit).[23] Richtlinienbestimmungen, die subjektiv-öffentliche Rechte für Private begründen, gelten unmittelbar zugunsten des Betroffenen.[24]

Die unmittelbare Anwendbarkeit von Richtlinien wird damit begründet, dass die praktische Wirksamkeit („effet utile") des sekundären Unionsrechts beeinträchtigt würde, könnte sich der Einzelne nicht vor mitgliedstaatlichen Gerichten auf sie berufen. Außerdem spricht für eine unmittelbare Anwendbarkeit auch das „Verbot widersprüchlichen Verhaltens" (venire contra factum proprium), wonach dem Staat nicht die eigene Vertragsverletzung zugute kommen soll, indem er sie dem Bürger entgegenhalten kann. Zudem ergibt sich aus dem „Sanktionsgedanken", dass der Mitgliedstaat sich nicht durch Verstreichenlassen der Frist seinen Verpflichtungen entziehen kann. Und letztlich dient die unmittelbare Anwendung der Richtlinie auch dem Schutz der Rechte des Einzelnen, die ihm durch die Verträge vermittelt werden sollen und die ihm im Fall der Nichtumsetzung vorenthalten würden („Rechtschutzgedanke"). Der Bürger hat nämlich auch keine Möglichkeit, die Umsetzung einer Richtlinie einzuklagen.

### 7.2.2.3 Vertikale Direktwirkung

Allerdings gilt die unmittelbare Anwendbarkeit von Richtlinien nur *zugunsten* des einzelnen Bürgers, nicht zu seinen Lasten. Das bedeutet einerseits, dass der Staat sich nicht auf die Richtlinienbestimmung berufen kann, und andererseits scheidet damit auch eine horizontale Wirksamkeit zwischen zwei Privaten aus. Eine Richtlinie kann grundsätzlich also nur eine vertikale Direktwirkung im Verhältnis Bürger/Staat haben. Dies wird damit begründet, dass sich der verpflichtende Charakter der Richtlinie nur an die Mitgliedsstaaten richtet. Allerdings definiert der Europäische Gerichtshof den Begriff „Staat" in Zusammenhang mit der unmittelbaren Wirkung von Richtlinien so weit, dass der Staat nicht nur als Hoheitsträger, sondern zum Beispiel auch als Arbeitgeber erfasst wird.[25]

Neuerdings und deshalb äußerst examensrelevant wird allerdings diskutiert, ob der Gerichtshof nicht seine Rechtsprechung zur unmittelbaren Wirksamkeit von Richtlinien unter Privaten ändern wird. Anstoß für diese

[23] EuGH Slg. 1995, I-2189 ff. – Wärmekraftwerk Großkrotzenburg

[24] EuGH Slg. 1979, 1642 ff. – Ratti

[25] EuGH Slg. 1986, 723 ff. – Marschall I

Diskussion gab das Urteil *Mangold* des Gerichtshofs vom 22.11.2005, in dem § 14 Abs. 3 S. 4 Teilzeitbefristungsgesetz (TzBfG) wegen der Altersdiskriminierungsrichtlinie 2000/78/EG i.V.m. allgemeinen Gleichheitsgrundsatz für unanwendbar erklärt wurde.[26] Weitere Nahrung hat die Diskussion durch das Urteil in der Rechtssache *Kücükdeveci* erhalten. Dort hat der Gerichtshof § 622 Abs. 2 S. 2 BGB, wonach zur Berechnung der nach Betriebszugehörigkeit gestaffelten Frist für die Arbeitgeberkündigung Beschäftigungszeiten vor dem 25. Lebensjahr nicht zu berücksichtigen sind, für unvereinbar mit dem unionsrechtlichen Verbot der Altersdiskriminierung erklärt.[27]

Bislang ist jedoch nicht von einer Abkehr der europarechtlichen Rechtsprechung auszugehen, da der Gerichtshof auch nicht eine solche postuliert hat. Vielmehr sind die tragenden Begründungen dieser Entscheidungen in der unmittelbaren Anwendung des *primären* unionsrechtlichen Verbots der Altersdiskriminierung gesehen werden, deren Ausgestaltung die betreffenden Richtlinien nur *konkretisieren.*[28]

### 7.2.2.4 Richtlinien mit Doppelwirkung

Noch nicht abschließend durch die europäische Gerichtsbarkeit geklärt ist die unmittelbare Anwendbarkeit einer Richtlinie, die die Rechtsstellung einer Privatperson verbessert, dabei aber zwangsläufig den Nachteil einer anderen Privatperson zur Folge hat. Solche „Richtlinien mit Doppelwirkung“ gibt es häufig im Umweltrecht. So hatte der Gerichtshof darüber zu entscheiden, ob die deutschen Behörden mit Ablauf der Umsetzungsfrist der Richtlinie 85/337/EWG über die „Umweltverträglichkeitsprüfung bei bestimmten öffentlichen und privaten Projekten“ trotz nicht rechtzeitiger Umsetzung zur Durchführung von Umweltverträglichkeitsprüfungen verpflichtet waren.[29]

Der Gerichtshof hat diese Frage bejaht, und dabei ausdrücklich klargestellt, dass die Pflicht der deutschen Behörden zur Durchführung einer Umweltverträglichkeitsprüfung nichts mit der Verpflichtung Privater zu tun habe, eine solche durchzuführen. Entscheidend sei die Rechtspflicht

[26] EuGH NJW 2005, 3659 ff. - Mangold

[27] EuGH NJW 2010, 427 ff. - Kücukdeveci

[28] Streinz, JuS 2006, 357, 360

[29] EuGH, Slg. 1995, I-2189 ff. – Umweltverträglichkeitsprüfung

des Staates. Der damit verbundene Nachteil des Privaten müsse als belastender Reflex hingenommen werden.[30]

### 7.2.3 Wirkung von Beschlüssen

Beschlüsse sind gemäß Art. 288 Abs. 4 AEUV ebenfalls verbindlich. Meistens sind sie an einen Adressaten gerichtet. Adressaten können die Mitgliedstaaten sein, so zum Beispiel bei der Aufforderung zur Rückforderung von Beihilfen, oder aber auch ein Einzelner, wie bei der Verhängung einer Kartellbuße gegen Unternehmen.

Der Unterschied zur Verordnung besteht darin, dass es sich bei der Verordnung ähnlich wie bei einem Gesetz um eine abstrakt-generelle Regelung handelt, während der Beschluss einen Einzelfall regelt und als konkret-individuelle Regelung mit dem deutschen Verwaltungsakt oder der Allgemeinverfügung vergleichbar ist.

### 7.2.4 Empfehlungen und Stellungnahmen

Empfehlungen und Stellungnahmen sind rechtlich unverbindlich, Art. 288 Abs. 5 AEUV. Ihre rechtliche Unverbindlichkeit hat aber nichts damit zu tun, dass ihnen nicht trotzdem erheblich rechtliche Bedeutung zukommen kann. So ist die Stellungnahme des Europäischen Wirtschafts- und Sozialausschusses (EWSA) und des Ausschusses der Regionen (AdR) in Gesetzgebungsverfahren, die sie betreffen, Pflicht, und ein Fehlen ihrer Stellungnahmen kann sogar die Nichtigkeit des Rechtsaktes zur Folge haben. Eine Stellungnahme kann auch Prozessvoraussetzung sein: Im Vertragsverletzungsverfahren nach Art. 258, 259 AEUV muss die Kommission eine begründete Stellungnahme abgeben, bevor die Klage auf Feststellung der Vertragsverletzung eines Mitgliedstaates überhaupt zulässig ist.

---

[30] Im Ergebnis auch EuGH Slg. 2004, I-723, Rn. 56 f. - Wells

# 8 Verhältnis des Unionsrechts zum Recht der Mitgliedstaaten

Aufgrund der Eigenständigkeit des Unionsrechts und seiner teilweise unmittelbaren Anwendbarkeit in den Mitgliedstaaten stellt sich auch die Frage nach dem Rangverhältnis zwischen dem Unionsrecht und dem Recht der Mitgliedstaaten. Das Rangverhältnis ist nur im Kollisionsfall zu klären, also dann, wenn ein Sachverhalt einen unionsrechtlichen Bezug aufweist und eine unmittelbar anwendbare (!) unionsrechtliche Vorschrift für diesen Fall andere Regelungen trifft als eine mitgliedstaatliche Vorschrift.

Weder das Unionsrecht noch das nationale Recht enthalten eine Norm, die das Verhältnis der Rechtsordnungen zueinander regelt.

Das Rangverhältnis ist von zwei Seiten aus zu betrachten: Zum einen von Seiten der Union durch die Rechtsprechung des Europäischen Gerichtshofs und zum anderen von Seiten der Mitgliedstaaten durch die Rechtsprechung ihrer höchsten Gerichte. Exemplarisch soll hier die differenzierende Rechtsprechung des Bundesverfassungsgerichts zur Vorrangfrage darge-stellt werden.

## 8.1 Vorrangfrage aus Sicht des Gerichtshofes

Aus Sicht des Gerichtshofes hat das Recht der EU unbedingten *Anwendungs*vorrang vor *allen* nationalen Rechtsvorschriften, auch vor dem Verfassungsrecht der Mitgliedstaaten.[31] Das bedeutet, dass *im Kollisionsfall* der unionsrechtlichen Vorschrift der Vorrang einzuräumen ist. Das bedeutet aber nicht, dass dadurch die nationale Vorschrift ihre Geltung verliert (*Anwendungs*vorrang ≠ *Geltungs*vorrang).

Der Gerichtshof begründet den Anwendungsvorrang mit der Eigenständigkeit der unionsrechtlichen Rechtsordnung sowie dem Grundsatz zur Unionstreue der Mitgliedstaaten aus Art. 4 Abs. 3 EUV, der in Frage gestellt werden würde, wenn das Unionsrecht keine einheitliche Anwendung in den Mitgliedstaaten fände. In seiner Grundsatzentscheidung *Costa/ENEL* aus dem Jahre 1964 führt der Gerichtshof hierzu folgendes aus:

[31] EuGH Slg. 1970, 1125, 1135 – Internationale Handelsgesellschaft

> „Die Verpflichtungen, die die Mitgliedstaaten im Vertrag zur Gründung der Gemeinschaft eingegangen sind, wären keine unbedingten mehr, sondern nur noch eventuelle, wenn sie durch spätere Gesetzgebungsakte der Signatarstaaten in Frage gestellt werden könnten [...]. Der Vorrang des Gemeinschaftsrechts wird auch durch Art. 189 EGV bestätigt; ihm zufolge ist die Verordnung „verbindlich“ und „gilt unmittelbar in jedem Mitgliedstaat“ [...]. Aus alledem folgt, dass dem vom Vertrag geschaffenen, somit aus einer autonomen Rechtsquelle fließenden Recht wegen dieser seiner Eigenständigkeit keine wie immer gearteten innerstaatlichen Rechtsvorschriften vorgehen können, wenn ihm nicht sein Charakter als Gemeinschaftsrecht aberkannt und wenn nicht die Rechtsgrundlagen der Gemeinschaft selbst in Frage gestellt werden sollen.“[32]

## 8.2 Vorrangfrage aus Sicht des BVerfG

Grundsätzlich geht mittlerweile auch das Bundesverfassungsgericht vom Vorrang des Unionsrechts aus. Während sich nach dem Europäischen Gerichtshof der Vorrang des Unionsrecht aus dem Unionsrecht selbst ergibt, stellt das Bundesverfassungsgericht demgegenüber auf einen innerstaatlichen Rechtsanwendungsbefehl in Form der Zustimmungsgesetze zu den Gründungsverträgen i.V.m. Art. 23 Abs. 1 GG (damals Art. 24 Abs. 1 GG) ab. Das Bundesverfassungsgericht unterscheidet dabei zwischen dem Verhältnis des Unionsrechts zum einfachgesetzlichen Recht und dem des Unionsrechts zum Verfassungsrecht, insbesondere zu den Grundrechten.

### 8.2.1 Verhältnis des Unionsrecht zum einfachen Recht

Das Bundesverfassungsgericht hat den Anwendungsvorrang des Unionsrechts gegenüber dem einfachen deutschen Gesetzesrecht vorbehaltlos anerkannt. So führt es in einer Entscheidung aus dem Jahre 1971 aus:

> „Denn durch die Ratifizierung des EWG-Vertrages [...] ist in Übereinstimmung mit Art. 24 Abs. 1 GG eine eigenständige Rechtsordnung der Europäischen Wirtschaftsgemeinschaft entstanden, die in die innerstaatliche Rechtsordnung hineinwirkt und von den deutschen Gerichten anzuwenden ist [...]. Art. 24 Abs. 1 GG besagt bei sachgerechter Auslegung nicht nur, dass die Übertragung von Hoheitsrechten auf zwischenstaatliche Einrichtungen

[32] EuGH Slg. 1964, 1251, 1270 – Costa/ENEL

überhaupt zulässig ist, sondern auch, dass die Hoheitsakte ihrer Organe [...] vom ursprünglich ausschließlichen Hoheitsträger anzuerkennen sind. Von dieser Rechtslage ausgehend, müssen [...] die deutschen Gerichte auch solche Rechtsvorschriften anwenden, die zwar einer eigenständigen außerstaatlichen Hoheitsgewalt zuzurechnen sind, aber dennoch aufgrund ihrer Auslegung durch den Europäischen Gerichtshof im innerstaatlichen Raum unmittelbare Wirkung entfalten und entgegenstehendes nationales Recht überlagern und verdrängen [...].“ [33]

### 8.2.2 Verhältnis des Unionsrecht zum Verfassungsrecht

Während das Bundesverfassungsgericht die Anwendbarkeit von Unionsrecht im Hinblick auf einfaches Gesetzesrecht uneingeschränkt für vorrangig hält, macht es hinsichtlich des Grundgesetzes Einschränkungen. Relevant wird das Verhältnis zwischen Unions- und Verfassungsrecht vor allen Dingen, wenn sekundäre Unionsrechtsakte mit deutschem Verfassungsrecht, insbesondere mit Grundrechten kollidieren und sich die Frage stellt, ob das Bundesverfassungsgericht überhaupt die Kompetenz hat, einen sekundären Unionsrechtsakt anhand deutschen Verfassungsrecht zu prüfen.

#### 8.2.2.1 Kollision sekundären Unionsrechts mit den Grundrechten

Nach dem Bundesverfassungsgericht hat das Unionsrecht nur insoweit Anwendungsvorrang vor dem nationalen Recht, soweit die Grundsätze der Verfassung nicht verletzt werden. Diese Ansicht resultiert daraus, dass das Bundesverfassungsgericht, wie unter 8.2 bereits erwähnt, den Vorrang des Unionsrechts aus Art. 23 GG ableitet, wonach die Übertragung von Hoheitsrechten auf die Union nur solange möglich ist, wie die Grundstruktur der Verfassung nicht geändert wird. Somit ist eine unbegrenzte Übertragung von Hoheitsrechten auf die Union weder beabsichtigt noch verfassungsrechtlich möglich.[34] Zum essentiellen und unaufgebbaren Teil des Grundgesetzes gehören nach der Rechtsprechung des Bundesverfassungsgerichts neben den Rechtsstaatsprinzipien auch die Grundrechte.[35]

---

[33] BVerfGE 31, 145, 173 f. - Milchpulver

[34] vgl. bereits 1.3.2

[35] BVerfGE 37, 271, 279 – Solange I

Deshalb behielt sich das Bundesverfassungsgericht in seinem **Solange I – Beschluss** aus dem Jahre 1974 zunächst die Kompetenz für die Überprüfung von Unionsrecht anhand der Grundrechte des Grundgesetz vor, *solange* auf Unionsebene kein von einem Parlament beschlossener Katalog von Grundrechten existierte.[36] Sekundäre Unionsrechtsakte konnten daher zunächst ohne weiteres zum Prüfungsgegenstand von Klagen vor dem Bundesverfassungsgericht gemacht werden.

Insbesondere durch die Weiterentwicklung im Bereich der (dem Grundgesetz vergleichbaren) Grundrechtsgewährleistung auf EU-Ebene durch den Europäischen Gerichtshof deutete das Bundesverfassungsgericht in der Folgezeit eine Änderung seiner Rechtsprechung in Form einer Abkehr vom Solange I-Beschluss an (**Vielleicht-Beschluss**)[37], und stellte in einem weiteren Beschluss fest, dass sich mittlerweile der Grundrechtsschutz weiter entwickelt habe (**Mittlerweile-Beschluss**)[38].

Seit dem **Solange II-Beschluss**[39] im Jahre 1986 geht das Bundesverfassungsgericht nun endgültig davon aus, dass es nunmehr in der EU einen ausreichenden Grundrechtsschutz gibt. Normenkontrollen und Verfassungsbeschwerden gegen sekundäre Unionsrechtsakte sind demnach grundsätzlich unzulässig. Die entscheidende Passage im Solange II – Beschluss lautet:

> „Solange die Europäische Gemeinschaft, insbesondere die Rechtsprechung des Gerichtshofs der Gemeinschaften einen wirksamen Schutz der Grundrechte gegenüber der Hoheitsgewalt der Gemeinschaften generell gewährleistet, der dem vom Grundgesetz als unabdingbar gebotenen Grundrechtsschutz im Wesentlichen gleich zu achten ist, [...] wird das Bundesverfassungsgericht seine Gerichtsbarkeit über die Anwendbarkeit von abgeleitetem Gemeinschaftsrecht [...] nicht mehr ausüben und dieses Recht mithin nicht mehr am Maßstab der Grundrechte überprüfen; entsprechende Vorlagen nach Art. 100 Abs. 1 GG sind somit unzulässig."

---

[36] BVerfGE 37, 271, 279 f. – Solange I-Beschluss

[37] BVerfGE 52, 187 – „Vielleicht-Beschluss“

[38] BVerfG NJW 1983, 1528 – „Mittlerweile-Beschluss“

[39] BVerfGE 73, 339 – Solange II-Beschluss

In seinem **Maastricht-Urteil**[40] bestätigte das Bundesverfassungsgericht den uneingeschränkten Anwendungsvorrang des Unionsrechts. Es hob allerdings hervor, dass es in einem *Kooperationsverhältnis mit dem Europäischen Gerichtshof* seine Gerichtsbarkeit ausübe, in dem der Gerichtshof den Grundrechtsschutz für das gesamte Gebiet der EU garantiere und das Bundesverfassungsgericht sich auf eine generelle Gewährleistung der unabdingbaren Grundrechtsstandards beschränke.

Im **Bananenmarkt-Beschluss**[41] konkretisierte das Bundesverfassungsgericht seine Rechtsauffassung dahingehend, dass Verfassungsbeschwerden und Normenkontrollen, die eine Verletzung in Grundrechten des Grundgesetzes durch sekundäres Unionsrecht geltend machen, von vornherein unzulässig seien, wenn ihre Begründung nicht darlege, dass die europäische Rechtsentwicklung einschließlich der Rechtsprechung des Europäischen Gerichtshofs nach Ergehen der Solange II-Entscheidung unter den erforderlichen Grundrechtsstandard abgesunken sei.

Diese letztgenannte Rechtsprechung führt dazu, dass die Begründung der Vorlage eines nationalen Gerichts oder einer Verfassungsbeschwerde, die eine Verletzung in Grundrechten des Grundgesetzes durch sekundäres Unionsrecht geltend macht, im Einzelnen darlegen muss, dass der jeweils als unabdingbar gebotene Grundrechtsschutz generell nicht gewährleistet ist. Dies erfordert eine Gegenüberstellung des Grundrechtsschutzes auf nationaler und auf Unionsebene in der Art und Weise, wie das Bundesverfassungsgericht sie im Solange II-Beschluss geleistet hat.

In der Praxis ist diese Voraussetzung kaum bzw. bislang gar nicht überwunden worden, so dass die „Reservekompetenz“ des Bundesverfassungsgerichts eher theoretischer Natur sein dürfte.

#### 8.2.2.2 Kollision mit der Verfassungsidentität des GG

Nicht rein theoretischer Natur ist allerdings die Zuständigkeit des Bundesverfassungsgerichts, wenn es um die integrationsfeste Verfassungsidentität der Bundesrepublik Deutschland geht.

Dem Integrationsprozess werden durch Art. 23 Abs. 1 S. 3 i.V.m. Art. 79 Abs. 2 und 3 GG insbesondere dann Grenzen gesetzt, wenn die Verfassungsidentität der Bundesrepublik Deutschland in Frage gestellt wird. Eine

---

[40] BVerfG NJW 1993, 3047 - Maastricht

[41] BVerfG NJW 2000, 3124 – Bananenmarkt-Beschluss

Änderung des Grundgesetzes, durch welche die in Art. 1 und Art. 20 GG niedergelegten Grundsätze berührt werden, ist unzulässig (Art. 79 Abs. 3 GG). Das Bundesverfassungsgericht hat in seinem Lissabon-Urteil[42] festgestellt, dass mit der sogenannten Ewigkeitsgarantie die Verfügung über die Identität der freiheitlichen Verfassungsordnung selbst dem verfassungsändernden Gesetzgeber aus der Hand genommen wird, und dass das Grundgesetz damit die souveräne Staatlichkeit Deutschlands nicht nur voraussetzt, sondern auch garantiert. Keinem Verfassungsorgan sei die Kompetenz eingeräumt, die nach Art. 79 Abs. 3 GG grundlegenden Verfassungsprinzipien zu verändern oder über sie zu verfügen.

Das Bundesverfassungsgericht prüft daher im Rahmen einer „**Ultra-vires-Kontrolle**", ob Rechtsakte der europäischen Organe und Einrichtungen sich unter Wahrung des gemeinschafts- und unionsrechtlichen Subsidiaritätsprinzips (Art. 5 Abs. 1 Satz 2 und Abs. 3 EUV) in den Grenzen der ihnen im Wege der begrenzten Einzelermächtigung eingeräumten Hoheitsrechte halten.[43] Darüber hinaus hat es die Kompetenz, in einer „**Identitätskontrolle**" zu prüfen, ob der unantastbare Kerngehalt der Verfassungsidentität des Grundgesetzes nach Art. 23 Abs. 1 Satz 3 in Verbindung mit Art. 79 Abs. 3 GG gewahrt ist.[44]

Sowohl die Ultra-vires-Kontrolle als auch die Identitätskontrolle können nach den Feststellungen des Bundesverfassungsgerichts in seinem Lissabon-Urteil, dazu führen, dass Gemeinschafts- oder künftig Unionsrecht in Deutschland für unanwendbar erklärt wird.[45]

---

[42] BVerfGE 123, 267 = NJW 2009, 2267 - Lissabon

[43] BVerfGE 58, 1, 30 f. – Eurocontrol I

[44] BVerfGE 113, 273, 296 – Europäischer Haftbefehl

[45] BVerfGE 123, 267 = NJW 2009, 2267, Rn. 241- Lissabon

# 9 Grundfreiheiten

Die Grundfreiheiten sind spezielle Diskriminierungsverbote. Sie verbieten jegliche Diskriminierung aufgrund der Staatsangehörigkeit („**Grundsatz der Inländergleichbehandlung**").

Hierbei unterscheidet man zwischen „offener" und „versteckter" bzw. „verdeckter" Diskriminierung. Von „offener" Diskriminierung spricht man, wenn eine staatliche Regelung eindeutig Unterschiede bezüglich Angehöriger anderer Mitgliedstaaten macht. Von „versteckter" oder „verdeckter" Diskriminierung ist die Rede, wenn zwar nicht eindeutig auf die andere Staatsangehörigkeit abgestellt wird, aber aufgrund anderer Kriterien wie Sprache oder Wohnsitz Staatsangehörige anderer Mitgliedstaaten diskriminiert werden. Verdeckte Diskriminierungen sind nur zulässig, wenn sie durch einen sachlich zwingenden Grund gerechtfertigt sind.

Daneben sind alle Grundfreiheiten *Beschränkungsverbote*. Verboten sind demnach auch alle Beschränkungen, die für Inländer und Ausländer in gleicher Weise gelten, also nicht diskriminieren, die aber die grenzüberschreitende Wirtschaftstätigkeit unverhältnismäßig, d.h. ohne zwingende Notwendigkeit behindern.

Die „vier Grundfreiheiten des Binnenmarktes" (vgl. Art. 26 Abs. 2 AEUV) sind

- **der freie Warenverkehr, Art. 28 ff., 34 ff. AEUV**
- **der freie Personenverkehr, Art. 45 ff., 49 ff. AEUV (Arbeitnehmerfreizügigkeit und Niederlassungsfreiheit)**
- **die Dienstleistungsfreiheit, Art. 56 ff. AEUV**
- **der freie Kapital- und Zahlungsverkehr, Art. 63 AEUV**

Subsidiär dazu gilt das allgemeine Diskriminierungsverbot nach Art. 18 Abs. 1 AEUV.

Der Europäische Gerichtshof tendiert zu einer weitgehend einheitlichen Grundfreiheitendogmatik, d.h. dass die Prüfung eines Eingriffs in eine Grundfreiheit nahezu gleich erfolgt.

Die Gewährleistungsbereiche (z.B. Freizügigkeit der Arbeitnehmer, Freiheit des Warenverkehrs) sind dabei immer weit auszulegen, die Ausnahmen zu den grundsätzlich gewährten Grundfreiheiten (z.B. Art. 45 Abs. 3, 4 AEUV) sind dagegen eng auszulegen.

Die Grundfreiheiten sind (bei konkretem grenzüberschreitendem Bezug des Sachverhaltes!) unmittelbar anwendbar, d.h. der einzelne Bürger kann sich auf die Grundfreiheiten berufen und entgegenstehendes nationales Recht ist aufgrund des Anwendungsvorrangs des Unionsrechts unanwendbar.

Der Unionsbürger kann sich grundsätzlich nur gegenüber den Mitgliedstaaten auf die Grundfreiheiten berufen (sog. vertikale Wirkung der Grundfreiheiten). Ausnahmsweise (und auch nur bei den Personenverkehrsfreiheiten) gelten die Grundfreiheiten auch zwischen Privaten (sog. **Drittwirkung**), wenn die Maßnahme dem Staat zuzurechnen ist.

Im Rahmen der Arbeitnehmerfreizügigkeit geht der Europäische Gerichtshof mittlerweile sogar von einer umfassenden Drittwirkung aus. Danach gilt das in Art. 45 AEUV ausgesprochene Diskriminierungsverbot auch für Privatpersonen.[46]

## 9.1 Freier Warenverkehr

Der freie Warenverkehr umfasst das Verbot von Ein- und Ausfuhrzöllen (Art. 28, 30 AEUV) sowie die Abschaffung mengenmäßiger Beschränkungen (Art. 34 f. AEUV).

### 9.1.1 Anwendungsbereich

Anwendbar ist die Warenverkehrsfreiheit auf Waren, die aus einem Mitgliedstaat stammen sowie auf Waren aus Drittstaaten, die sich in den Mitgliedstaaten im freien Verkehr befinden, Art. 28 Abs. 2 AEUV.

Waren sind alle körperlichen Gegenstände, mit denen Handel betrieben werden kann. Geldwert müssen die Gegenstände nicht haben. So behandelt der Europäische Gerichtshof auch Abfall als Ware, wenn er im konkreten Fall Gegenstand von Handelsgeschäften ist.[47] Vor der in der Fußnote genannten Entscheidung wurde früher teilweise zwischen wiederverwertbarem und nicht wiederverwertbarem Abfall unterschieden. Diese Unterscheidung ist aber wegen ihrer Abhängigkeit von subjektiven Faktoren in der genannten Entscheidung abgelehnt worden.

---

[46] EuGH Slg. 2000, I-4139 Rn. 36 - Angonese

[47] EuGH Slg. 1992, I-4431, Rn. 28 – Wallonische Abfälle

Um Vertragslücken zu vermeiden, ist nach einhelliger Auffassung auch Strom als Ware zu werten, obwohl er unkörperlich ist.[48]

Darüber hinaus muss die Ware nach Art, 28 Abs. 2 AEUV aus einem Mitgliedstaat stammen oder, wenn sie nicht aus einem Mitgliedstaat stammt, sich in den Mitgliedstaaten im freien Warenverkehr befinden.

Wann eine Ware aus einem Mitgliedstaat stammt, beurteilt sich nach der VO 802/68 des Rates vom 27.06.1968 über die gemeinsame Begriffsbestimmung für den Warenursprung[49]. Danach muss die Ware nicht vollständig in einem Mitgliedstaat hergestellt worden sein. Es genügt, wenn dort die letzte wesentliche und wirtschaftlich gerechtfertigte Be- oder Verarbeitung und damit eine *neue bedeutende Produktionsstufe* stattgefunden hat. Zubehör und Ersatzteile teilen im Übrigen den Ursprung der Hauptware.

Als im freien Verkehr eines Mitgliedstaats befindlich gelten nach Art. 29 Abs. 1 AEUV diejenigen Waren aus dritten Ländern, für die in dem betreffenden Mitgliedstaat die Einfuhrförmlichkeiten erfüllt sowie die vorgeschriebenen Zölle und Abgaben gleicher Wirkung erhoben und nicht ganz oder teilweise rückvergütet worden sind.

### 9.1.2 Verbot von Zöllen und Abgaben gleicher Wirkung

Grundlage des freien Warenverkehrs ist gemäß Art. 28 Abs. 1 AEUV die Schaffung einer Zollunion. Die Zollunion umfasst

- das Verbot, zwischen den Mitgliedstaaten Ein- und Ausfuhrzölle und Abgaben gleicher Wirkung zu erheben, sowie
- die Einführung eines Gemeinsamen Zolltarifs gegenüber dritten Ländern.

Zölle sind Abgaben, die als „Zölle“ bezeichnet werden und bei der Einfuhr oder Ausfuhr von einem Staat erhoben werden.

Parallel zur Errichtung der Zollunion werden gemäß Art. 30 AEUV neben Ein- und Ausfuhrzölle auch alle Abgaben gleicher Wirkung abgeschafft.

Als Abgabe gleicher Wirkung bezeichnet man jede noch so geringfügige Belastung, die einseitig von einem Staat wegen des Grenzübertritts einer Ware auferlegt wird. Belastungen, die ein angemessenes Entgelt für tat-

---

[48] EuGH Slg. 2001, I-2099 Rn. 68 ff. – PreussenElektra

[49] ABl. L 148/1968, S. 1 ff.

sächlich geleistete Dienste darstellen, die dem Importeur einen individuellen Vorteil bringen oder die unionsrechtlich zugelassen oder veranlasst worden sind, stellen keine Abgaben gleicher Wirkungen dar.

### 9.1.3 Verbot mengenmäßiger Ein- und Ausfuhrbeschränkungen und Maßnahmen gleicher Wirkung

Art. 34, 35 AEUV verbieten mengenmäßige Ein- und Ausfuhrbeschränkungen sowie alle Maßnahmen gleicher Wirkung.

Unter mengenmäßiger Ein- und Ausfuhrbeschränkungen versteht man sämtliche staatliche Maßnahmen, die die Einfuhr, Durchfuhr oder Ausfuhr einer Ware der Menge oder dem Wert nach begrenzen (insbesondere Kontingentierungen).

Eine Maßnahme gleicher Wirkung wie mengenmäßige Ein- und Ausfuhrbeschränkungen ist nach der vom Gericht entwickelten Dassonville-Formel

- jede Maßnahme (i.d.R. Regelung) der Mitgliedstaaten,
- die geeignet ist,
- den innergemeinschaftlichen Handel
- unmittelbar oder mittelbar,
- tatsächlich oder potenziell zu behindern.[50]

Art. 34, 35 AEUV verbieten den Mitgliedstaaten nicht nur förmliche Rechtsakte, sondern auch (faktische) Handlungen bzw. Unterlassungen, die den freien Warenverkehr beeinträchtigen.[51] Das Verbot mengenmäßiger Beschränkungen beinhaltet nach der Rechtsprechung des Gerichtshofs auch staatliche Handlungspflichten der Mitgliedstaaten, alle geeigneten und erforderlichen Maßnahmen zu ergreifen, um auf ihrem Gebiet die Grundfreiheiten zu sichern. Da die Mitgliedstaaten allerdings bei der Wahl der Maßnahmen über einen weiten Ermessensspielraum verfügen, kann ein Verstoß gegen die Warenverkehrsfreiheit erst dann bejaht werden, wenn offenkundig und beharrlich unzureichende bzw. gar keine Maßnahmen ergriffen werden.[52]

---

[50] EuGH Slg. 1974, 837 Rn. 5 – Dassonville

[51] EuGH Slg. 1982, 4005 ff. – Buy Irish

[52] EuGH Slg. 1997, I-6959 ff. – Französische Landwirte

#### 9.1.3.1 Einschränkungen durch die Keck-Rechtsprechung

In seinem Urteil Keck hat der Gerichtshof die Warenverkehrsfreiheit dahingehend eingeschränkt, dass mitgliedstaatliche Regelungen, welche nur bestimmte Verkaufsmodalitäten betreffen, nicht als Beeinträchtigungen gelten, da ihnen die Geeignetheit zur Behinderung des Handels zwischen den Mitgliedstaaten fehle.[53]

Verkaufsmodalitäten betreffen nur den Absatz der Ware, nicht den Marktzugang als solchen. Beispiele für staatliche Regelungen über Verkaufsmodalitäten sind Vorschriften über Werbung oder Preisgestaltung, aber auch über Ladenöffnungszeiten.

Im Gegensatz dazu betreffen produktbezogene Regelungen das Produkt als solches (Beschaffenheit, Zusammensetzung, Bezeichnung, Form, Verpackung, Etikettierung) und haben dementsprechend Einfluss auf den Marktzugang.

Beispiele für produktbezogene Maßnahmen sind etwa das Verbot, einen Schokoriegel mit dem Aufdruck „+10%" zu versehen, weil sonst der Importeur den Schokoriegel je nach Ort des Inverkehrbringens anders verpacken müsste,[54] oder das Verbot von Preisausschreiben in Zeitschriften, weil dann die Zeitschrift je nach Mitgliedstaat einen anderen Inhalt haben müsste.[55]

Bezieht sich eine staatliche Regelung sowohl auf den Absatz als auch auf das Produkt als solches, ist sie als produktbezogene Regelung zu qualifizieren.[56]

Produktbezogene Maßnahmen sind im Gegensatz zu Maßnahmen über Verkaufsmodalitäten immer an Art. 34, 35 AEUV zu messen.

Verkaufsmodalitäten sind nach der Keck-Rechtsprechung dann nicht an Art. 34, 35 AEUV zu messen, sofern sie

- für alle Wirtschaftsteilnehmer unterschiedslos gelten, die ihre Tätigkeit im Inland ausüben, und

---

[53] EuGH Slg. 1993, I-6097, Rn. 16 - Keck

[54] EuGH Slg. 1995, I-1923, Rn. 13 - Mars

[55] EuGH Slg. 1997, I-3689, Rn. 11 f. - Familiapress

[56] EuGH Slg. 1995, I-1923, Rn. 13 f. – Mars

- sie den Absatz der inländischen Erzeugnisse und der Erzeugnisse aus anderen Mitgliedstaaten rechtlich wie tatsächlich in der gleichen Weise berühren.

### 9.1.3.2 Einschränkungen durch die Cassis-Rechtsprechung

Weitere Einschränkungen erfährt die Dassonville-Formel durch das Cassis-de-Dijon-Urteil des Gerichtshofs.[57] Dort hat der Gerichtshof klarge-stellt, dass Maßnahmen nicht zu beanstanden sind, wenn sie *notwendig* sind, *um zwingenden Erfordernissen* gerecht zu werden.

Unter „zwingenden Erfordernissen" versteht der Gerichtshof solche nichtwirtschaftlicher Art. Als solche hat er bisher unter anderem folgende anerkannt:

- Verbraucherschutz
- Lauterkeit des Handelsverkehrs
- Aufrechterhaltung der Medienvielfalt
- Umweltschutz
- erhebliche Gefährdung des finanziellen Gleichgewichts des Systems der sozialen Sicherheit
- wirksame steuerliche Kontrolle

Die Cassis-Rechtsprechung erfasst wie die Keck-Rechtsprechung nur nicht diskriminierende Maßnahmen, d.h. solche, die unterschiedslos einheimische und eingeführte Waren betreffen.

Außerdem muss die Maßnahme verhältnismäßig sein (vgl. Wortlaut: „notwendig, um...zu"). Darunter versteht der Gerichtshof, dass Beschränkungen des freien Warenverkehrs nur zulässig sind, wenn sie in einem angemessenen Verhältnis zum verfolgten Zweck stehen und wenn dieser Zweck nicht durch Maßnahmen erreicht werden kann, die den innergemeinschaftlichen Handelsverkehr weniger beschränken.[58]

---

[57] EuGH Slg. 1979, 649 ff. – Cassis-de-Dijon

[58] EuGH Slg. 1995, I-1923, Rn. 15 – Mars

#### 9.1.3.3 Rechtfertigung der Maßnahme nach Art. 36 AEUV

Art. 36 S. 1 AEUV enthält Rechtfertigungsgründe für beschränkende Maßnahmen jeder Art, also auch für diskriminierende Maßnahmen. Demnach stehen die Art. 34 und 35 AEUV solchen Maßnahmen nicht entgegen, die

- aus Gründen der öffentlichen Sittlichkeit, Ordnung und Sicherheit,
- zum Schutze der Gesundheit und des Lebens von Menschen, Tieren oder Pflanzen,
- des nationalen Kulturguts von künstlerischem, geschichtlichem oder archäologischem Wert oder
- des gewerblichen und kommerziellen Eigentums

gerechtfertigt sind.

Die öffentliche Sittlichkeit betrifft die Moralvorstellungen einer bestimmten Gesellschaft zu einer bestimmten Zeit. Anerkannt vom Gerichtshof sind zum Beispiel Einfuhrbeschränkungen für pornographische Schriften.[59]

Die öffentliche Sicherheit und Ordnung ist der weiteste Begriff, allerdings ist er wesentlich enger auszulegen als im deutschen Ordnungsrecht. Die öffentliche Sicherheit umfasst die für die Existenz eines Staates wesentlichen Fragen der inneren und äußeren Sicherheit. Die öffentliche Ordnung ist berührt, wenn eine tatsächliche und hinreichend schwere Gefährdung wesentlicher Interessen des Staates vorliegt.[60]

Zum Schutz der Gesundheit und des Lebens von Menschen, Tieren oder Pflanzen zählen insbesondere nationale Gesundheitsvorschriften und technische Sicherheitsnormen sowie Regelungen aus dem Bereich des Veterinärwesens und des Pflanzenschutzrechts.

Unter den Schutz des nationalen Kulturgutes fallen Ausfuhrlizenzen, Ausfuhrverbote oder Vorkaufsrechte staatlicher Stellen, die das Verbringen von nationalem Kulturgut ins Ausland verhindern sollen.

Zum Schutz des gewerblichen und kommerziellen Eigentums zählen Patent-, Marken-, Modell- und Sortenschutzrechte sowie Urheberrechte.

[59] EuGH Slg. 1979, 3795 ff. – Henn und Darby

[60] So z.B. bejaht bei Tötungshandlungen simulierenden Computerspielen (EuGH Slg. 2004, I-9606 Rn. 32 ff. – Omega-Spielhallen)

Geschützt werden soll nach der Rechtsprechung des Gerichtshofs nur der Bestand dieser Schutzrechte, nicht deren Ausübung. Verhindert werden soll in erster Linie die unbefugte Benutzung der Schutzrechtsgüter durch unberechtigte Personen. Die Ausübung der Rechte darf jedoch nicht zu einer Abschottung des Marktes führen. Sobald das Produkt mit Zustimmung des Rechtsinhabers in den Verkehr gebracht worden ist, kann der Rechtsinhaber die Einfuhr in einen dritten Mitgliedstaat nicht mehr unter Berufung auf sein Recht verhindern. Das Schutzrecht ist vielmehr mit dem ersten Inverkehrbringen „erschöpft“ (Erschöpfungsgrundsatz).

Gemeinsam ist allen Rechtfertigungsgründen, dass sie nichtwirtschaftlicher Art sein müssen.

Nach der Rechtsprechung des Gerichtshofs sind die Rechtfertigungsgründe des Art. 36 S. 1 AEUV als Ausnahmetatbestände zu den Art. 34 und 35 AEUV grundsätzlich eng auszulegen. Andererseits steht den Mitgliedstaaten auch ein gewisser Beurteilungsspielraum bei der Ausgestaltung des Schutzes der Warenverkehrsfreiheit zu. Ob die Ausgestaltung sich in den Grenzen des Art. 36 S. 1 AEUV hält, unterliegt wiederum der Prüfung des Gerichtshofs. Dabei tragen die Mitgliedstaaten die Beweislast dafür, dass die Maßnahme aus den genannten Gründen gerechtfertigt ist. Darüber hinaus muss die Maßnahme verhältnismäßig sein.

Art. 36 S. 2 AEUV enthält zudem ein Missbrauchsverbot. Demnach dürfen die nach Art. 36 S. 1 AEUV gerechtfertigten Maßnahmen weder ein Mittel zur willkürlichen Diskriminierung noch eine verschleierte Beschränkung des Handels zwischen den Mitgliedstaaten darstellen. Die Bedeutung des Art. 36 S. 2 AEUV ist gering, da die meisten Fälle bereits von der Verhältnismäßigkeitsprüfung erfasst werden.

### 9.1.4 Prüfungsschema zur Warenverkehrsfreiheit

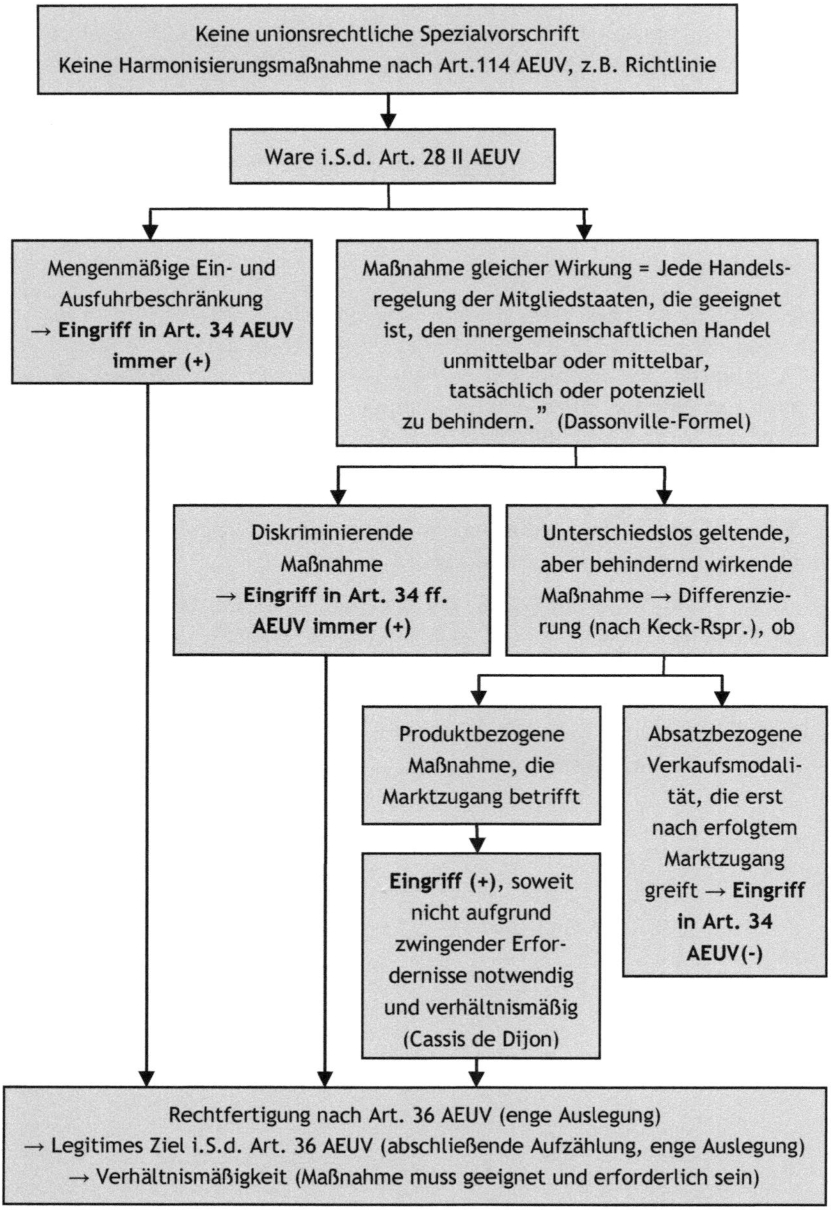

## 9.2 Der freie Personenverkehr

Der freie Personenverkehr umfasst die Arbeitnehmerfreizügigkeit (Art. 45 ff. AEUV) und die Niederlassungsfreiheit (Art. 49 ff. AEUV).

### 9.2.1 Arbeitnehmerfreizügigkeit

Arbeitnehmerfreizügigkeit bedeutet im Wesentlichen nach Art. 45 Abs. 2 AEUV die Abschaffung jeder auf der Staatsangehörigkeit beruhenden unterschiedlichen Behandlung der Arbeitnehmer der Mitgliedstaaten in Bezug auf Beschäftigung, Entlohnung und sonstige Arbeitsbedingungen und beinhaltet darüber hinaus nach Art. 45 Abs. 3 AEUV das Aufenthaltsrecht der Arbeitnehmer im Beschäftigungsstaat.

#### 9.2.1.1 Geschützter Personenkreis

Die Arbeitnehmerfreizügigkeit gilt nur für staatsangehörige Arbeitnehmer der Mitgliedstaaten (sog. „Wanderarbeitnehmer"). Der Gerichtshof definiert Arbeitnehmer als Personen, die während einer bestimmten Zeit für einen anderen nach dessen Weisungen Leistungen erbringen, für die sie als Gegenleistung eine Vergütung erhalten.

Der Arbeitnehmer verrichtet also eine unselbständige Tätigkeit, die einen Teil des Wirtschaftslebens ausmacht und entgeltlich geleistet wird. Als Arbeitnehmer gelten auch Teilzeitkräfte, Studien- und Rechtsreferendare, Sportler und Künstler, sofern sie durch einen Arbeitsvertrag gebunden sind. Tätigkeiten in sehr geringem Umfang bleiben allerdings außer Betracht, wenn sie eine völlig untergeordnete und unwesentliche Rolle spielen. Als Arbeitnehmer ist auch der zu qualifizieren, der tatsächlich eine Arbeit sucht. Im Einzelfall kann sich auch der Arbeitgeber auf Art. 45 AEUV berufen, und zwar dann, wenn ansonsten die Arbeitnehmerfreizügigkeit beschränkt würde.

Auch die Familienangehörigen des Arbeitnehmers unterfallen mittelbar dem Schutz des Art. 45 AEUV, und zwar insbesondere in Form eines Aufenthaltsrechts. Im Gegensatz zum Arbeitnehmer müssen sie nicht Staatsangehörige der Mitgliedstaaten sein, sondern können auch Drittstaaten angehören.

#### 9.2.1.2 Ausnahme für öffentliche Verwaltung

Nach Art. 45 Abs. 4 AEUV sind vom Anwendungsbereich der Arbeitnehmerfreizügigkeit solche Arbeitnehmer ausgeschlossen, die in der öffentliche Verwaltung tätig sind (Bereichsausnahme). Der Begriff der öffentlichen Verwaltung ist unionsrechtlich zu bestimmen. Der Gerichtshof stellt hier auf eine funktionelle Betrachtungsweise ab. Es gehören nur solche Beschäftigungen zur öffentlichen Verwaltung i.S.d. Art. 45 Abs. 4 AEUV, die eine unmittelbare und spezifische Teilnahme an der Ausübung hoheitlicher Befugnisse beinhalten und ein besonderes Treueverhältnis zum Staat erfordern. Eine Beschäftigung in der öffentlichen Verwaltung liegt also nicht schon dann vor, wenn der Arbeitgeber eine öffentlich-rechtliche Einrichtung ist. Zum klassischen Bereich der öffentlichen Verwaltung gehören demgegenüber Polizei, Streitkräfte und Richter.

### 9.2.1.3 Umfang der Arbeitnehmerfreizügigkeit

Neben dem Recht auf gleiche Behandlung hinsichtlich Beschäftigung, Lohn und sonstige Arbeitsbedingungen (vgl. auch dazu ergangenes sekundäres Recht in Form der VO (EWG) Nr. 1612/68 des Rates vom 15.10.1968)[61], Art. 45 Abs. 2 AEUV, umfasst die Arbeitnehmerfreizügigkeit gemäß Art. 45 Abs. 3 AEUV das Einreise-, Ausreise- und Aufenthaltsrecht, das in dem aufgrund der Richtlinie 73/148/EWG des Rates vom 21. Mai 1973[62] ergangenen deutschen Freizügigkeitsgesetz/EU näher konkretisiert wurde.[63] Außerdem steht dem Arbeitnehmer unter bestimmten Bedingungen ein Verbleiberecht nach Beendigung der Beschäftigung zu, Art. 45 Abs. 3 lit. d) AEUV. Welche Bedingungen erfüllt sein müssen, damit der Arbeitnehmer auch nach seiner Beschäftigung im Beschäftigungsland verbleiben kann, bestimmt die VO (EWG) Nr. 1251/70 der Kommission vom 29.06.1970.[64]

Das Recht für Familienangehörige ist vor allem durch die allgemeine Freizügigkeitsrichtlinie 2004/38/EG des Europäischen Parlaments und des Rates vom 29. April 2004[65] bestimmt, wonach Ehegatten und Kinder von Wanderarbeitnehmern nicht nur ein Aufenthaltsrecht haben, sondern auch das Recht zur Aufnahme einer selbständigen oder unselbständigen Tätigkeit.

[61] Sartorius II Nr. 180

[62] Sartorius II Nr. 180a

[63] Sartorius I Nr. 560

[64] Sartorius Nr. 180d

[65] Sartorius II Nr. 177

#### 9.2.1.4 Verbot von Diskriminierungen und Beschränkungen

Art. 45 Abs. 2 AEUV verbietet Diskriminierungen aus Gründen der Staatsangehörigkeit. Demnach sind Arbeitnehmer aus EU-Staaten ebenso zu behandeln wie Inländer (sog. Grundsatz der Inländergleichbehandlung).

Art. 45 Abs. 2 AEUV ist wie jeder Schutzbereich der Grundfreiheiten weit auszulegen: Untersagt ist jede Diskriminierung unabhängig von ihrer Schwere, es sei denn die unterschiedliche Behandlung basiert auf Rechtsvorschriften, die – ohne an die Staatsangehörigkeit anzuknüpfen – bestimmte Zulassungsvoraussetzungen (z.B. Nachweis über Sprachkenntnisse, berufliche Fähigkeiten) für einen Beruf aufstellen, soweit dieser Beruf die entsprechenden Fähigkeiten und Kenntnisse unbedingt voraussetzt.

Konkretisierungen erfährt Art. 45 Abs. 2 AEUV durch die bereits genannte VO 1612/68.[66]

Im Anwendungsbereich der Arbeitnehmerfreizügigkeit kann es dazu kommen, dass Inländer diskriminiert werden. So können sich Inländer nicht auf Art. 45 AEUV berufen, soweit kein unionsrechtlicher Bezug vorliegt. Das Problem der **Inländerdiskriminierung** muss auf nationaler Ebene gelöst werden. Unionsrechtlich ist eine Inländerdiskriminierung zulässig. Etwas anderes gilt dann, wenn der eigene Staatsangehörige sich in einer vergleichbaren Lage wie der EU-Ausländer befindet, z.B. bei Anerkennung einer im EU-Ausland erworbenen beruflichen Qualifikation. Dann ist aufgrund des unionsrechtlichen Bezuges auch in Bezug auf den Inländer Art. 45 AEUV anwendbar.

Die Arbeitnehmerfreizügigkeit enthält nach der Rechtsprechung des Gerichtshofs nicht nur ein Diskriminierungs-, sondern auch ein Beschränkungsverbot. Danach sind auch alle unterschiedslos geltenden Beschränkungen verboten, soweit diese nicht durch zwingende Allgemeininteressen gerechtfertigt und verhältnismäßig sind. Das trifft zum Beispiel auf Transferregelungen von Fußballverbänden zu.[67]

Allerdings hat der Gerichtshof immer wieder hervorgehoben, dass nur eine nationale Regelung als Beschränkung verboten ist, deren Auswirkungen auf die Grundfreiheiten nicht zu zufällig und zu unmittelbar ist.[68]

---

[66] Sartorius II Nr. 180

[67] vgl. EuGH Slg. 1995, I-4921 ff. - Bosman

[68] z.B. EuGH Slg. 2005, I-7310, Rn. 20 - Coname

In welchem Umfang die Arbeitnehmerfreizügigkeit ein Beschränkungsverbot enthält, ist noch nicht abschließend geklärt. Insbesondere ist zweifelhaft, ob auch Berufsausübungsregelungen einem Beschränkungsverbot unterliegen. Wegen der weitgehenden Strukturgleichheit der Grundfreiheiten könnte eine Übertragung der Keck-Rechtsprechung bei der Warenverkehrsfreiheit auf die Arbeitnehmerfreizügigkeit zulässig und geboten sein, was bedeuten würde, dass Vorschriften, die die Ausübung eines Berufes und nicht den Zugang zu einem Beruf festlegen, demnach - parallel zu den Regelungen über Verkaufsmodalitäten bei der Warenverkehrsfreiheit - nicht an einem Beschränkungsverbot zu messen sind.

Für diese Sichtweise spricht eine Entscheidung des Gerichtshof, in der dieser festgestellt hat, dass unterschiedslos anwendbare Bestimmungen, die einen Staatsangehörigen eines Mitgliedstaats daran hindern oder davon abhalten, sein Herkunftsland zu verlassen, um von seinem Recht auf Freizügigkeit Gebrauch zu machen, nur dann eine Beeinträchtigungen dieser Freiheit darstellen, wenn sie den *Zugang* der Arbeitnehmer zum Arbeitsmarkt beeinflussen.[69] Abschließend geklärt ist die Frage jedoch nicht.

### 9.2.1.5 Zulässige Einschränkungen

Art. 45 Abs. 3 AEUV steht unter dem Vorbehalt, dass Beschränkungen nicht aus Gründen der öffentlichen Ordnung, Sicherheit und Gesundheit gerechtfertigt sind. Dieser sog. „ordre-public"-Vorbehalt gilt nur für die Rechte aus Art. 45 Abs. 3 lit. b) und c) AEUV und soll insbesondere den Mitgliedstaaten die Möglichkeit verschaffen, die Einreise und den Aufenthalt von Personen zu verhindern, die eine Gefahr für die öffentliche Ordnung und Sicherheit darstellen können. Als Ausnahme ist der Vorbehalt eng auszulegen.

Darüber hinaus können in Parallele zur Cassis-Rechtsprechung auch unterschiedslos geltende Maßnahmen, die bereits den Zugang zu einem Beruf beeinträchtigen oder erschweren, zulässig sein, wenn sie einen mit den Verträgen zu vereinbarenden berechtigten Zweck verfolgen und aus zwingenden Gründen des Allgemeininteresses gerechtfertigt sind.[70] Darüber hinaus muss aber außerdem die Anwendung dieser Regeln geeignet sein, die Verwirklichung des verfolgten Zweckes zu gewährleisten, und darf

[69] EuGH Slg. 2000, I-493, Rn. 23 - Graf

[70] EuGH Slg. 1995, I-4921, Rn. 104 - Bosman

nicht über das hinausgehen, was zur Erreichung dieses Zweckes erforderlich ist.[71]

Diskriminierende Maßnahmen sind aber außer in den Fällen des Art. 45 Abs. 3 lit. b) und c) AEUV und auch nur in Bezug auf den „ordre-public"-Vorbehalt nie zulässig!

[71] EuGH Slg. 1993, I-1663, Rn. 32 - Kraus

### 9.2.1.6 Prüfungsschema zur Arbeitnehmerfreizügigkeit

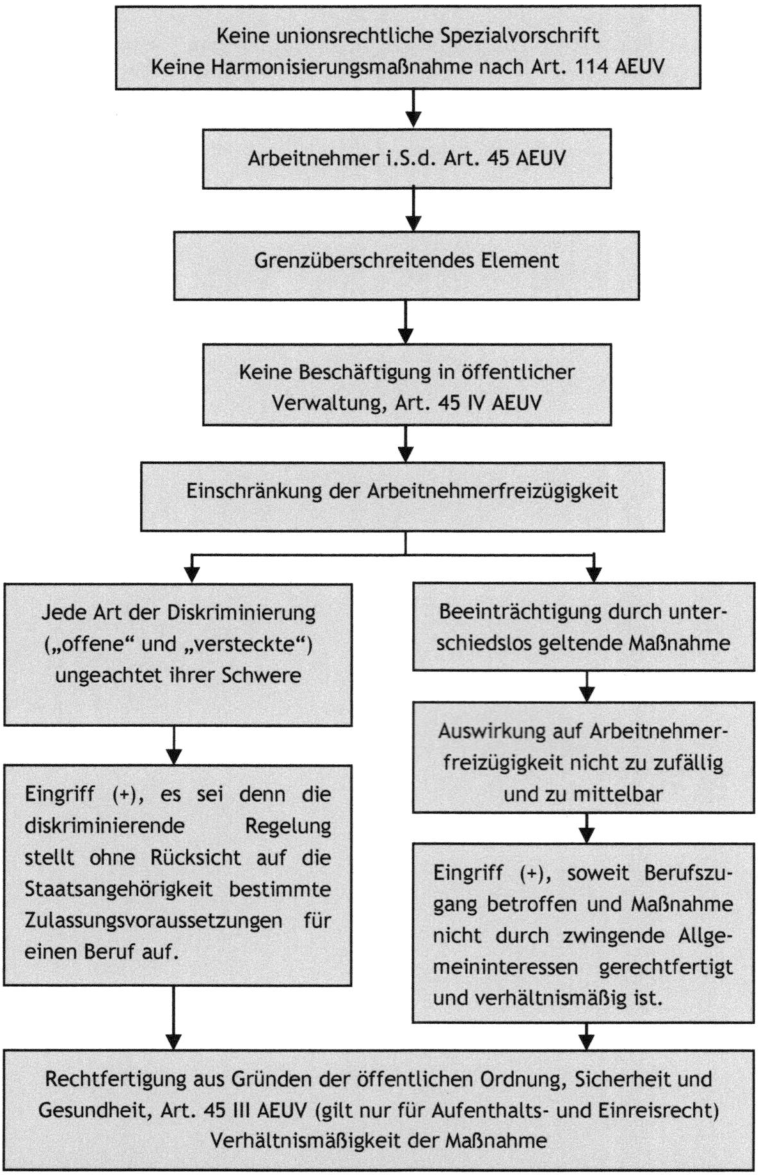

### 9.2.2 Niederlassungsfreiheit

Die Niederlassungsfreiheit beinhaltet nach Art. 49 Abs. 2 AEUV das Recht, in einem anderen Mitgliedstaat nach dessen Rechtsvorschriften eine selbständige Erwerbstätigkeit aufzunehmen und auszuüben sowie dort Unternehmen und Zweigniederlassungen zu gründen und zu leiten.

#### 9.2.2.1 Anwendungsbereich

Auf die Niederlassungsfreiheit können sich gemäß Art. 49 Abs. 1 AEUV nur Staatsangehörige der Mitgliedstaaten berufen sowie Gesellschaften i.S.d. Art. 54 AEUV, vgl. Art. 54 Abs. 1 AEUV. Die Gesellschaft muss nach den Rechtsvorschriften eines der Mitgliedstaaten gegründet worden sein *und* ihren satzungsmäßigen Sitz, ihre Hauptverwaltung oder ihre Hauptniederlassung innerhalb der Union haben.

Niederlassung i.S.d. Art. 49 AEUV bedeutet die Aufnahme und Ausübung selbständiger Erwerbstätigkeit sowie die Gründung und Leitung von Unternehmen. Die Tätigkeit muss

- *Erwerbszwecken* dienen und daher einen „Teil des Wirtschaftslebens“ ausmachen – im Gegensatz zu ausschließlich politischen, sozialen oder kulturellen Tätigkeiten,
- *selbständig* ausgeübt werden (in Abgrenzung zur Arbeitnehmerfreizügigkeit) sowie
- eine *dauerhafte* wirtschaftliche Integration in einem anderen Mitgliedstaat erfordern (in Abgrenzung zur Dienstleistungsfreiheit).

#### 9.2.2.2 Bereichsausnahme

Wie die Arbeitnehmerfreizügigkeit steht auch die Niederlassungsfreiheit unter dem Vorbehalt, dass die ausgeübte Tätigkeit nicht, auch nicht zeitweise mit der Ausübung öffentlicher Gewalt verbunden ist, vgl. Art. 51 Abs. 1 AEUV. Der Begriff der öffentlichen Gewalt ist wie der der öffentlichen Verwaltung zu verstehen.[72]

Streitig war, ob die Tätigkeit eines Rechtsanwaltes als Ausübung öffentlicher Gewalt anzusehen ist. Dafür sprach, dass der Rechtsanwalt als Organ der Rechtspflege auftritt und vor Gericht ein „quasi-offizielles“ Amt bekleidet. Der Gerichtshof lehnte dies allerdings mit der Begründung ab, dass der Beruf des Rechtsanwalts ein freier Beruf sei und das Auftreten

[72] vgl. 9.2.1.2

vor Gericht nicht die freie Ausübung der Rechtsprechungstätigkeit berühre.[73]

Unter den Vorbehalt des Art. 51 Abs. 1 AEUV fällt aber zum Beispiel die Tätigkeit eines Notars.

#### 9.2.2.3 Umfang der Niederlassungsfreiheit

Die Niederlassung gewährt eine umfassende Freiheit, d.h. es wird nicht nur die Aufnahme und Ausübung der Erwerbstätigkeit geschützt, sondern auch die Vorbereitungsmaßnahmen hierzu. Art. 49 AEUV gewährt deshalb auch ein Recht auf Einreise und Aufenthalt.[74] Die Investitionen für die Niederlassung werden im Übrigen von der Grundfreiheit des freien Kapital- und Zahlungsverkehrs erfasst.

Entsprechend Art. 45 Abs. 3 lit. d) AEUV für die Arbeitnehmerfreizügigkeit gesteht auch Art. 49 AEUV dem Erwerbstätigen ein Verbleiberecht nach Beendigung der Tätigkeit zu.[75]

Eine besondere Rolle spielt im Zusammenhang mit der Aufnahme und Ausübung der Erwerbstätigkeit die Anerkennung ausländischer Diplome und Zeugnisse. Durch zahlreiche Richtlinie, zum Beispiel der RL 89/48/EWG des Rates vom 21.12.1988 für die Anerkennung ausländischer Hochschuldiplome[76], ist die Problematik allerdings entschärft worden.

#### 9.2.2.4 Verbot von Diskriminierungen und Beschränkungen

Art. 49 AEUV verbietet Diskriminierungen jeder Art auf dem Gebiet der Niederlassungsfreiheit. Demnach sind alle nationalen Maßnahmen verboten, die Ausländer anders behandeln als Inländer (Gebot der Inländergleichbehandlung). Verboten sind sowohl „offene“ Diskriminierungen, was für den Fall der Niederlassungsfreiheit bedeutet, dass solche Maßnahmen verboten sind, die Niederlassungswilligen aufgrund ihrer Stellung als Ausländer bei der Aufnahme und Ausübung ihrer Erwerbstätigkeit gegenüber inländischen Niederlassungswilligen benachteiligen, als auch „versteckte“ Diskriminierungen, d.h. solche Maßnahmen, die zwar nicht

---

[73] EuGH Slg. 1974, 631, Rn. 53 - Reyners

[74] vgl. RL 73/148/EWG des Rates vom 21. Mai 1973, Sartorius II Nr. 180a bzw. FreizügigkeitsG/EU, Sartorius I Nr. 560

[75] vgl. RL 75/34/EWG des Rates vom 17. Dezember 1974, Sartorius II Nr. 180e

[76] Sartorius II Nr. 192

an die Staatsangehörigkeit anknüpfen, sich aber überwiegend auf ausländische Niederlassungswillige auswirken. Die letztgenannten Maßnahmen sind allerdings zulässig, wenn sie aus sachlichem Grund ergehen und nicht willkürlich sind.

Ob die Niederlassungsfreiheit auch auf unterschiedslos geltende Maßnahmen anwendbar ist und somit auch über ein Diskriminierungsverbot hinaus ein allgemeines Beschränkungsverbot beinhaltet wie die übrigen Grundfreiheiten, war längere Zeit in der Literatur umstritten. Teilweise wurde die Ansicht vertreten, dass sich der Niederlassungswillige vollständig in die Gesellschaft und Wirtschaft des Aufnahmestaates einzugliedern habe und nicht weniger Beschränkungen unterliegen dürfe als ein dort tätiger Inländer. Der Gerichtshof hat mittlerweile bereits mehrfach entschieden, dass Art. 49 AEUV grundsätzlich jeder staatlichen Regelung entgegensteht, die zwar ohne Diskriminierung aus Gründen der Staatsangehörigkeit anwendbar ist, die aber geeignet ist, die Ausübung der Niederlassungsfreiheit als solche zu behindern oder weniger attraktiv zu machen.[77] Somit stellt Art. 49 AEUV auch ein allgemeines Beschränkungsverbot dar.

Dabei werden aber wiederum solche nationalen Maßnahmen nicht erfasst, deren Auswirkungen auf die Grundfreiheiten zu zufällig und zu unmittelbar sind.[78]

#### 9.2.2.5 Zulässige Einschränkungen

Wie die Arbeitnehmerfreizügigkeit steht auch die Niederlassungsfreiheit unter einem „ordre-public"-Vorbehalt. Nach Art. 52 Abs. 1 AEUV beeinträchtigen die Vorschriften über die Niederlassungsfreiheit nicht die Anwendbarkeit der Rechts- und Verwaltungsvorschriften, die eine Sonderregelung für Ausländer vorsehen und aus Gründen der öffentlichen Ordnung, Sicherheit oder Gesundheit gerechtfertigt sind. Als Ausnahme der grundsätzlich zu gewährenden Niederlassungsfreiheit ist Art. 52 Abs. 1 AEUV eng auszulegen. Erfasst werden nur schwerwiegende Gefährdungen der genannten Schutzgüter.

Unterschiedslos geltende nationale Maßnahmen, die die Ausübung der durch die Verträge garantierten Grundfreiheiten behindern oder weniger

[77] EuGH Slg. 1993, I-1663, Rn. 30 – Kraus

EuGH Slg. 1995, I-4165, Rn. 37 - Gebhard

[78] vgl. bereits 9.2.1.4

attraktiv machen können, sind nach der Rechtsprechung des Gerichtshofes – parallel zur Cassis-Rechtsprechung - nur zulässig, wenn vier Voraussetzungen erfüllt sind:

- sie müssen in nichtdiskriminierender Weise angewandt werden,
- sie müssen zwingenden Gründen des Allgemeininteresses entsprechen,
- sie müssen zur Erreichung des verfolgten Zieles geeignet sein, und
- sie dürfen nicht über das hinausgehen, was zur Erreichung dieses Zieles erforderlich ist.[79]

Im Grunde genommen wird hier die Cassis-Rechtsprechung auf die Niederlassungsfreiheit übertragen, was wiederum die weitgehende Strukturgleichheit der Grundfreiheiten deutlich macht.

[79] EuGH Slg. 1993, I-1663, Rn. 32 – Kraus

EuGH Slg. 1995, I-4165, Rn. 37 - Gebhard

### 9.2.2.6 Prüfungsschema zur Niederlassungsfreiheit

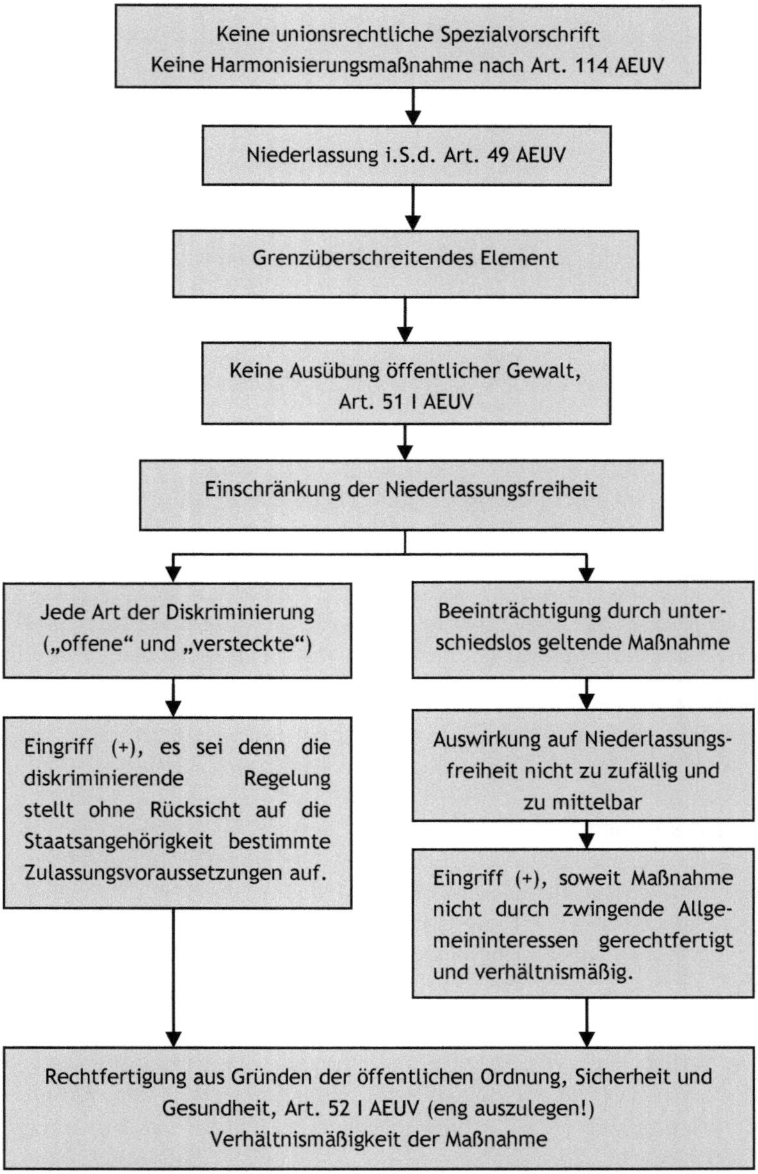

## 9.3 Dienstleistungsfreiheit

Die Dienstleistungsfreiheit enthält im Wesentlichen das Recht, in einem anderen Mitgliedstaat vorübergehend eine selbständige Tätigkeit auszuüben.

### 9.3.1 Anwendungsbereich

Vom persönlichen Anwendungsbereich der Dienstleistungsfreiheit werden gemäß Art. 56 Abs. 1 AEUV Angehörige der Mitgliedstaaten erfasst, die in einem anderen Mitgliedstaat als demjenigen des Leistungsempfängers ansässig sind. Nach Art. 62 werden auch Gesellschaften i.S.d. Art. 54 AEUV in den Schutzbereich der Dienstleistungsfreiheit eingezogen.

Geschützt ist sowohl der Dienstleistungserbringer als auch der Dienstleistungsempfänger.

#### 9.3.1.1 Dienstleistung i.S.d. Art. 56 ff. AEUV

Unter Dienstleistung wird im Gegensatz zu Ware i.S.d. Art. 28 AEUV eine geldwerte nichtkörperliche Leistung oder ein Leistungserfolg verstanden. Die Leistung erfolgt in der Regel gegen Entgelt. Dabei wird der Begriff des Entgelts unionsrechtlich bestimmt. Entgelt wird demnach als wirtschaftliche Gegenleistung verstanden und muss nicht auf Bezahlung im herkömmlichen Sinne gerichtet sein. Entgelt im Sinne einer wirtschaftlichen Gegenleistung kann auch durch einen Dritten erbracht werden.

Die Abgrenzung zur **Warenverkehrsfreiheit** ist nicht immer eindeutig und nach dem wirtschaftlichen Schwerpunkt der Leistung ermitteln. Liegt der Schwerpunkt in der *Erbringung einer (geistigen) Leistung*, ist die Dienstleistungsfreiheit anwendbar. Liegt der Schwerpunkt im *Austausch von Waren*, kommen die Vorschriften über den freien Warenverkehr zur Anwendung. Beispielsweise sind Baupläne, die von Deutschland nach Frankreich verschickt werden, zwar körperliche Gegenstände. Die eigentliche Leistung hinter den Plänen ist aber unsichtbar, da es sich um eine geistige Leistung handelt. Der wirtschaftliche Schwerpunkt liegt also in der Erbringung einer geistigen Leistung und nicht im Austausch von Waren.

Darüber hinaus muss die Erbringung einer Dienstleistung *selbständig* ausgeübt werden, wodurch die Dienstleistungsfreiheit von der **Arbeitnehmerfreizügigkeit** (Arbeitnehmer arbeiten *weisungsgebunden*) abgegrenzt werden kann. Art. 57 Abs. 2 AEUV nennt beispielhaft gewerbliche, kaufmännische, handwerkliche und freiberufliche Tätigkeiten.

Außerdem kommt es für die Anwendbarkeit der Art. 56 ff. AEUV darauf an, dass die Dienstleistung nur *vorübergehend* in einem anderen Mitgliedstaat erbracht wird. Mit diesem Kriterium lässt sich die Dienstleistungsfreiheit wiederum von der **Niederlassungsfreiheit** abgrenzen, die einschlägig ist, wenn der Begünstigte sich *dauerhaft* in einem anderen Mitgliedstaat niederlassen möchte.

Der Schutzbereich ist im Übrigen aufgrund der Verweisung in Art. 62 AEUV auf Art. 51 Abs. 1 AEUV nicht für Tätigkeiten eröffnet, die in einem Mitgliedstaat dauernd oder zeitweise mit der Ausübung hoheitlicher Gewalt verbunden sind.[80]

#### 9.3.1.2 Grenzüberschreitendes Element

Wie bei allen unionsrechtlich gewährleisteten Grundfreiheiten muss auch bei der Dienstleistungsfreiheit ein unionsrechtlicher Bezug im Sinne eines grenzüberschreitenden Elements vorliegen.

Denkbar ist eine Grenzüberschreitung der Dienstleistung in folgenden Konstellationen:

Der Dienstleistungserbringer begibt sich zur Dienstleistungsausführung in den Mitgliedstaat des Dienstleistungsempfängers (**positive bzw. aktive Dienstleistungsfreiheit**).

Der Dienstleistungsempfänger begibt sich zur Dienstleistungsausführung in den Mitgliedstaat des Dienstleistungserbringers (**negative bzw. passive Dienstleistungsfreiheit**)

Denkbar ist aber auch, dass nur die Dienstleistung die Grenze überschreitet, zum Beispiel, wenn Gutachten versendet werden („**Korrespondenzdienstleistung**“).

Da es allein darauf ankommt, dass die Dienstleistung die Grenze überschreitet, ist es auch unerheblich, wenn Leistungserbringer und Leistungsempfänger im gleichen Mitgliedstaat ansässig sind und nur die Leistung in einem anderen Mitgliedstaat erbracht wird. Auch in einem solchen Fall ist die Dienstleistungsfreiheit anwendbar.

#### 9.3.1.3 Subsidiarität gegenüber anderen Grundfreiheiten

Nach dem Wortlaut des Art. 57 Abs. 1 AEUV ist die Dienstleistungsfreiheit gegenüber den anderen Grundfreiheiten subsidiär. Demnach müssten

---

[80] Hierzu vgl. bereits 9.2.2.2

eigentlich zuerst die anderen Grundfreiheiten auf ihre Einschlägigkeit hin überprüft werden. Der Gerichtshof versteht die Subsidiaritätsklausel allerdings nicht als generelle Vorrangregelung insbesondere auch nicht zugunsten der Warenverkehrsfreiheit. Vielmehr stellt der Gerichtshof auf den Schwerpunkt der Beeinträchtigung ab.[81] Aufgrund ihres selbständigen Regelungsgehaltes ist die Dienstleistungsfreiheit deshalb mehr als ein Auffangtatbestand und kann sogar die anderen Grundfreiheiten verdrängen.

### 9.3.2 Umfang der Dienstleistungsfreiheit

Der Umfang der Dienstleistungsfreiheit ist mit der der Warenverkehrsfreiheit vergleichbar, zeigt aber auch Parallelen zu den übrigen Grundfreiheiten.

#### 9.3.2.1 Einreise- und Aufenthaltsrecht

Obwohl auch hier nicht ausdrücklich erwähnt, beinhaltet die Dienstleistungsfreiheit das Recht auf Einreise und Aufenthalt im betreffenden Mitgliedstaat zum Zweck der Ausübung der Tätigkeit und für die Dauer der Tätigkeit. Nähere Konkretisierungen erfährt das Einreise- und Aufenthaltsrecht durch die RL 73/148/EWG des Rates vom 21. Mai 1973[82] und ihre Umsetzung in nationales Recht durch das FreizügigkeitsG/EU[83].

#### 9.3.2.2 Diskriminierungs- und Beschränkungsverbot

Neben dem grundsätzlichen Diskriminierungsverbot sind auch alle unterschiedslos geltenden Beschränkungen verboten, sofern diese geeignet sind, die Tätigkeit des Dienstleistenden, der in einem anderen Mitgliedstaat ansässig ist, zu unterbinden, zu beschränken oder weniger attraktiv zu machen, selbst, wenn die Beschränkung auch Inländern gegenüber gilt. Dies trifft zum Beispiel auf die Verpflichtung eines Unternehmens zur Eintragung in die Handwerksrolle zu.[84]

---

[81] EuGH Slg. 2004, I-9609, Rn. 26 - Omega

[82] Sartorius II Nr. 180 a

[83] Sartorius I Nr. 560

[84] EuGH Slg. 2000, I-7919, Rn. 34 – Corsten

#### 9.3.2.3 Einschränkung durch die Keck-Rechtsprechung?

Bislang kontrovers diskutiert wird die Frage, ob die vom Gerichtshof zu Art. 34 AEUV entwickelte Keck-Rechtsprechung sinngemäß auch auf die Dienstleistungsfreiheit angewendet werden kann, mit der Folge, dass mitgliedstaatliche Regelungen, die - vergleichbar mit Verkaufsmodalitäten - nur die „vertriebsbezogene" Ausübung der Dienstleistung betreffen, nicht als Beschränkung der Dienstleistungsfreiheit anzusehen sind.

Der Gerichtshof hat die Frage bislang ausdrücklich offen gelassen, da die in den konkreten Verfahren relevanten Regelungen mit einer „Verkaufsmodalität" nicht vergleichbar waren.[85]

Die starken Parallelen der Dienstleistungs- mit der Warenverkehrsfreiheit sprechen dennoch dafür, die Grundsätze der Keck-Rechtsprechung auf die Dienstleistungsfreiheit zu übertragen, zumal der Gerichtshof, obwohl die Möglichkeit bestanden hätte, der Übertragbarkeit der Keck-Rechtsprechung auf die Dienstleistungsfreiheit keine generelle Absage erteilt hat.

### 9.3.3 Zulässige Einschränkungen

Diskriminierungen und Beschränkungen der Dienstleistungsfreiheit können gemäß Art. 62 i.V.m. Art. 52 AEUV aus Gründen der öffentlichen, Ordnung, Sicherheit und Gesundheit gerechtfertigt sein.[86]

Reine Beschränkungen des Grundsatzes des freien Dienstleistungsverkehrs können darüber hinaus durch Vorschriften gerechtfertigt sein, die

- auf zwingenden Gründen des Allgemeininteresses beruhen,
- verhältnismäßig sind,
- für alle im Hoheitsgebiet des Aufnahmelandes tätigen Personen gelten und
- Allgemeininteressen nicht bereits durch Vorschriften gewährleistet werden, denen der Dienstleistende in dem Mitgliedstaat unterliegt, in dem er ansässig ist.[87]

[85] EuGH Slg. 1995, I-1141, Rn. 37 – Alpine Investments

[86] vgl. 9.2.2.5

[87] EuGH Slg. 1981, 3305, Rn. 17 - Webb

Schützenswerte Allgemeininteressen sind in Anlehnung an die Cassis-Rechtsprechung nur solche nicht-wirtschaftlicher Art wie zum Beispiel der Verbraucherschutz, der Gläubigerschutz, die Lauterkeit des Handelsverkehrs oder das Funktionieren der Rechtspflege.

## 9.3.4 Prüfungsschema zur Dienstleistungsfreiheit

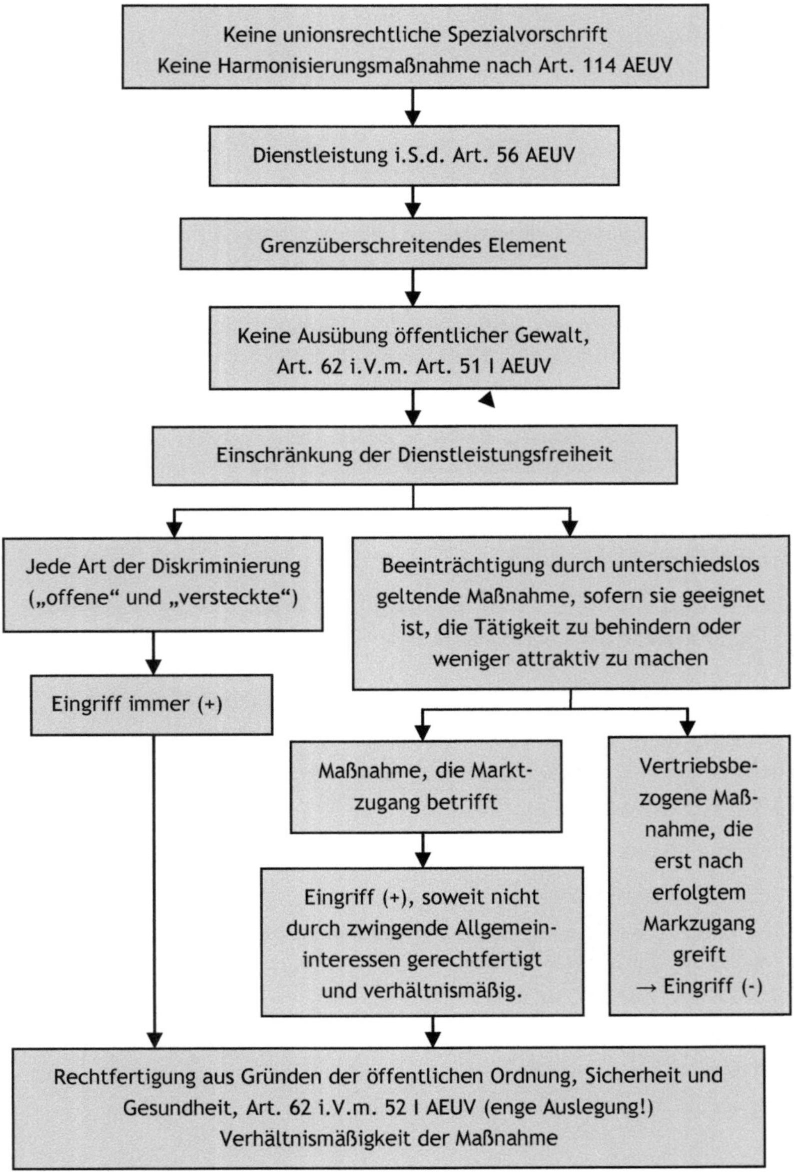

## 9.4 Der freie Kapital- und Zahlungsverkehr

Die Art. 63 ff. AEUV gewährleisten zum einen den freien Kapitalverkehr (Art. 63 Abs. 1 AEUV), zum anderen den freien Zahlungsverkehr (Art. 63 Abs. 2 AEUV).

### 9.4.1 Anwendungsbereich

Der Begriff des Kapitalverkehrs wird im Vertrag nicht definiert. Kapitalverkehr ist im Unterschied zum Zahlungsverkehr in der Regel die lediglich einseitige Übertragung von Sach- oder Geldkapital, die nicht direkt durch die Waren- oder Dienstleistungsfreiheit gedeckt ist. Im Anhang I der Kapitalverkehrsrichtlinie 88/361/EWG des Rates vom 24. Juni 1988 werden Beispiele für Kapitalverkehrsgeschäfte aufgezählt. Aus dem Anhang ergibt sich, dass auch Direktinvestitionen, d.h. Kapitalanlagen in Form von Wertpapieren, von der Kapitalfreiheit eingeschlossen werden. Der freie Kapitalverkehr schützt in erster Linie Finanzgeschäfte.

Die Zahlungsfreiheit betrifft demgegenüber die Gegenleistung, die im Rahmen des Waren- und Dienstleistungsaustauschs zu erbringen ist. Es handelt sich bei ihr praktisch um die notwendige Kehrseite der anderen Grundfreiheiten, die nur insoweit möglich sind, als eine entsprechende Gegenleistung in Geld erfolgt.

Geschützt wird sowohl der freie Kapital- und Zahlungsverkehrs innerhalb der Mitgliedstaaten der Union als auch der Verkehr mit Drittstaaten.

### 9.4.2 Umfang des freien Kapital- und Zahlungsverkehrs

Der freie Kapital- und Zahlungsverkehr erfasst gemäß Art. 63 AEUV die Aufhebung *aller* Beschränkungen des Kapitalverkehrs (Abs. 1) und des Zahlungsverkehrs (Abs. 2).

Eine Beschränkung liegt in Anlehnung an die Dassonville-Formel in

- jeder Maßnahme,
- die den Zufluss, Abfluss oder Durchfluss von Kapital der Form, dem Wert oder der Menge nach
- auf Dauer oder zeitweise
- unmittelbar oder mittelbar,
- tatsächlich oder potenziell
- behindert, begrenzt oder völlig untersagt.

Wie bei allen Grundfreiheiten ist damit der Verbotstatbestand sehr weit gefasst. Für eine eventuelle Eingrenzung dieses umfassenden Beschränkungsverbotes durch die Keck-Rechtsprechung hat der Gerichtshof sich noch nicht eindeutig ausgesprochen. Ebenso wenig hat er allerdings eine Anwendung der Keck-Rechtsprechung generell abgelehnt. Die wohl überwiegende Ansicht in der Literatur bejaht aus den bereits zu den anderen Grundfreiheiten aufgeführten Gründen eine Übertragbarkeit der Keck-Rechtsprechung auch auf die Kapital- und Zahlungsverkehrsfreiheit.

Ebenso ist daran zu denken, Eingriffsmaßnahmen der Mitgliedstaaten, die sich zu ungewiss oder zu mittelbar auf den freien Kapital- und Zahlungsverkehr auswirken, vom Beschränkungstatbestand auszunehmen.[88]

### 9.4.3 Zulässige Einschränkungen

Mitgliedstaatliche Beschränkungen der Kapital- und Zahlungsverkehrsfreiheit sind gemäß Art. 65 Abs. 1 AEUV ausdrücklich zulässig, wenn

- einschlägige Vorschriften des Steuerrechts der Mitgliedstaaten angewendet werden, die Steuerpflichtige mit unterschiedlichem Wohnort oder Kapitalanlageort unterschiedlich behandeln,
- unerlässliche Maßnahmen getroffen werden, um Zuwiderhandlungen gegen innerstaatliche Rechts und Verwaltungsvorschriften, insbesondere auf dem Gebiet des Steuerrechts und der Aufsicht über Finanzinstitute, zu verhindern,
- Meldeverfahren für den Kapitalverkehr zwecks administrativer oder statistischer Information vorgesehen werden oder
- Maßnahmen ergriffen werden, die aus Gründen der öffentlichen Ordnung oder Sicherheit gerechtfertigt sind.

Dabei dürfen die genannten Beschränkungen weder ein Mittel zur willkürlichen Diskriminierung noch eine verschleierte Beschränkung des freien Kapital- und Zahlungsverkehrs i.S.d. Art. 63 AEUV darstellen, Art. 65 Abs. 3 AEUV.

Außerdem sind in Anlehnung an die Cassis-Rechtsprechung unterschiedslos geltende Maßnahmen zulässig, die notwendig und aus zwingenden Erfordernissen gerechtfertigt sind. Das gilt nicht für diskriminierende Maßnahmen, die nur unter den o.g. Gründen gerechtfertigt sein können. Staatliche Regelungen gelten im Rahmen der Kapital- und Zahlungsverkehrsfreiheit als diskriminierend, wenn sie in gleichen Situationen unter-

---

[88] vgl. bereits 9.2.1.4 und 9.2.2.4

schiedliche Kriterien zur Beurteilung der Zulässigkeit von Kapitalverkehrstransaktionen anwenden.

Die zwingenden Erfordernisse für eine zulässige Einschränkung der Kapital- und Zahlungsverkehrsfreiheit durch unterschiedslos geltende Maßnahmen sind wiederum solche nicht wirtschaftlicher Art (vgl. Cassis-Rechtsprechung) und können insbesondere folgende sein:

- erhebliche Gefährdung des finanziellen Gleichgewichts des Systems der sozialen Sicherheit,
- wirksame steuerliche Kontrolle und Aufsicht,
- der gute Ruf des nationalen Finanzsektors,
- Verhinderung der Geldwäsche oder
- währungspolitische Erfordernisse.

Die Verringerung von Steuereinnahmen kann jedoch nicht als zwingendes Erfordernis angeführt werden, da dieser Grund wirtschaftlicher Natur ist.[89] Ebenso wenig sind allgemeine wirtschaftpolitische Ziele (Wettbewerbsstruktur, Arbeitsmarkt) als zwingende Erfordernisse anerkannt. Etwas anderes gilt bei der Wahrung von Arbeitsplätzen in einer bestimmten Region. Dieser Grund kann ein zwingendes Erfordernis darstellen.

Die nationalen Maßnahmen müssen im Hinblick auf die zwingenden Erfordernisse auch verhältnismäßig, d.h. geeignet, erforderlich und angemessen sein. Insbesondere dürfen nationale Maßnahmen wie zum Beispiel Kontrollen nicht in einer Weise durchgeführt werden, die Freiheitsrechte, wie die Kapital- und Zahlungsverkehrsfreiheit illusorisch werden lassen oder ihre Ausübung vom Ermessen der Verwaltung abhängig machen.[90]

[89] EuGH Slg. 2006, I-8203, Rn. 59 – Centro di Musicologia

[90] EuGH Slg. 1984, 377, Rn. 34 – Luisi und Carbone

### 9.4.4 Prüfungsschema zur Kapital- und Zahlungsverkehrsfreiheit

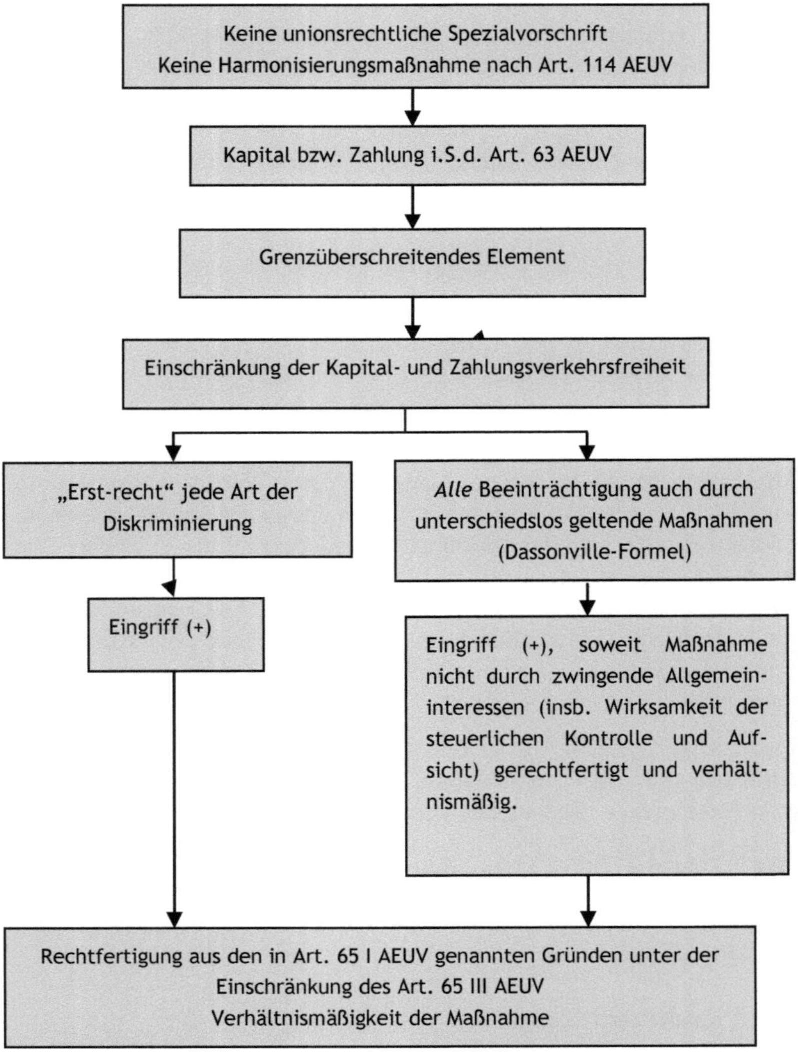

# 10 Grundrechte auf Unionsebene

Bis zum Inkrafttreten des Vertrages von Lissabon gab es auf Unionsebene keinen kodifizierten Grundrechtskatalog. Die am 07.12.2000 in Nizza feierlich proklamierte Charta der Grundrechte (GRCH) stellte bis dahin nur eine unverbindliche Erklärung der Unionsorgane, genauer gesagt des Europäischen Parlamentes, des Rates und der Kommission dar. Gleichwohl besaß die Charta großen politischen Wert, zumal sie die Grundrechte auf Unionsebene erstmals katalogisierte. Mit dem Vertrag von Lissabon hat die Grundrechtecharta in der Version vom 12.12.2007 gemäß Art. 6 Abs. 1 EUV Rechtsverbindlichkeit erlangt.

Vor dem Inkrafttreten des Vertrages von Lissabon ermittelte der Gerichtshof die Unionsrundrechte aus

- der Europäischen Menschenrechtskonvention (EMRK) und ihren Zusatzprotokollen und
- aus den gemeinsamen Verfassungsüberlieferungen der Mitgliedstaaten.

Diese Erkenntnisquellen sollen ausweislich des Wortlautes von Art. 6 Abs. 3 EUV als primäres Unionsrecht neben den in der Grundrechtecharta niedergelegten Rechten, Freiheiten und Grundsätzen bestehen bleiben. Die Grundrechtecharta ersetzt daher nicht vollständig die bisherigen Erkenntnisquellen. Das bedeutet, dass die Mitgliedstaaten, die sich hinsichtlich der Grundrechtecharta Einschränkungen vorbehalten haben (Großbritannien, Polen und Tschechien) auch weiterhin auf Unionsebene grundrechtlich gebunden sind, wenn sie Unionsrecht ausführen.

Hinzu tritt der gemäß Art. 6 Abs. 2 EUV zur Verpflichtung gemachte Beitritt der Union zur Europäischen Menschenrechtskonvention und die daraus resultierende Bindung an diese.

## 10.1 Erkenntnisquellen der Unionsgrundrechte

Im Folgenden sollen die Erkenntnisquellen der Unionsgrundrechte kurz vorgestellt werden:

### 10.1.1 Grundrechtecharta

Die Grundrechtecharta der Europäischen Union fasst die Gesamtheit der bürgerlichen, politischen, wirtschaftlichen und sozialen Rechte jedes Unionsbürgers sowie aller im Hoheitsgebiet der Union lebenden Personen zusammen. Diese Rechte sind in sechs große Kapitel unterteilt: Würde des

Menschen, Freiheiten, Gleichheit, Solidarität, Bürgerrechte und justizielle Rechte. Dabei geht die Grundrechtecharta in einigen Punkten über die bestehenden völkerrechtlichen und verfassungsrechtlichen Grundrechtskataloge hinaus. Beispielsweise garantiert die Charta ein Recht auf eine gute Verwaltung, d.h. jeder Unionsbürger hat einen Anspruch darauf, dass seine Angelegenheiten von den Organen und Einrichtungen der Union unparteiisch, gerecht und innerhalb einer angemessenen Frist behandelt werden. Ferner hat jede Person ein Anhörungsrecht sowie das Recht auf Akteneinsicht in einem sie betreffenden Verfahren.

### 10.1.2 Europäische Menschenrechtskonvention

Die Europäische Menschenrechtskonvention bzw. die Konvention über Menschenrechte und Grundfreiheiten[91] enthält einen Katalog von Grundrechten und Menschenrechten. Neben den klassischen Freiheitsrechten (u.a. Religionsfreiheit, Meinungsfreiheit, Versammlungsfreiheit) sind auch kulturelle, soziale und politische Rechte in der Konvention selbst oder in ihren Zusatzprotokollen verbürgt. Die durch die EMRK und ihre Zusatzprotokolle garantierten Menschenrechte sind insgesamt enger als die Grundrechte des Grundgesetzes.

### 10.1.3 Verfassungsüberlieferungen der Mitgliedstaaten

Die Verfassungsüberlieferungen der Mitgliedstaaten werden rechtsvergleichend hinzugezogen. Dabei erfolgt die Ermittlung allgemeiner Rechtsgrundsätze nicht als kleinster gemeinsamer Nenner, der allen Verfassungen zugrunde liegt, sondern es ist ausreichend, dass der Grundsatz in einigen Verfassungen tatsächlich vorhanden ist und dass sich andere Mitgliedstaaten zumindest tendenziell an ihm orientieren.

## 10.2 Prüfung der Unionsgrundrechte

Die Prüfung dieser Grundrechte erfolgt ähnlich wie im deutschen Recht und soll hier nur stichwortartig dargestellt werden:

- Eingriff in den Schutzbereich

[91] UNTS Bd. 213 S. 221, BGBl. 1952 II S. 685, 953

- Rechtfertigung des Eingriffs, vgl. nunmehr auch Art. 52 Abs. 1 GRCH (Rechtfertigungsfähigkeit des Eingriffs in Form einer gesetzlich vorgesehene Schranke, legitimes Ziel, das dem Wohl der Allgemeinheit dient, Verhältnismäßigkeit und Wesensgehaltgarantie als „Schranken-Schranke“)

Aufgrund der strukturellen Ähnlichkeit zwischen den Unionsgrundrechten und den Grundrechten der meisten Mitgliedstaaten kann weitgehend auf die Schutzbereichsbestimmungen nach nationalem Recht verwiesen werden.

# 11 Das Rechtsschutzsystem der Union

Die Union verfolgt ein **duales Rechtsschutzsystem:**

Einerseits stellt sie wie jede Rechtsordnung ein eigenes Rechtsschutzsystem zur Verfügung. Durch den Gerichtshof der Europäischen Union, der gemäß Art. 19 Abs. 1 EUV den Gerichtshof, das Gericht und die gemäß Art. 257 beigeordneten Fachgerichte umfasst, können die Mitgliedstaaten, die Organe der Union, aber auch Unionsbürger Rechtsschutz auf Unionsebene in Anspruch nehmen. Außerdem können nationale Gerichte im Wege der Vorabentscheidung den Gerichtshof wegen der Auslegung von Unionsrecht anrufen.

Andererseits ist im Art. 19 Abs. 1 UAbs. 2 EUV geregelt, dass die Mitgliedstaaten die erforderlichen Rechtsbehelfe schaffen, damit ein wirksamer Rechtsschutz in den vom Unionsrecht erfassten Bereichen gewährleistet ist. Die nationalen Gerichte haben dabei die Rolle von funktionalen Unionsgerichten. Die nationalen Gerichte sind zuständig, wenn die Mitgliedstaaten durch einen nationalen Rechtsakt Unionsrecht umgesetzt haben.[92] Dabei haften die Mitgliedstaaten auch, wenn sie Unionsrecht nicht oder nicht ordnungsgemäß umsetzen oder anwenden.[93]

## 11.1 Rechtsschutz auf Unionsebene

Der Gerichtshof der Europäischen Union sichert gemäß Art. 19 Abs. 1 UAbs. 1 EUV die Wahrung des Rechts bei Auslegung und Anwendung der europarechtlichen Verträge.

Dabei hat er ein **Auslegungsmonopol** hinsichtlich der letztverbindlichen Auslegung des gesamten Unionsrechts (vgl. Art. 19 Abs. 3 lit. b) 1. Alt. EUV). Der Gerichtshof folgt einer „dynamischen“ Auslegungsmethode, die sich vorrangig an den Vertragszielen und der praktischen Wirksamkeit des Unionsrechts orientiert.

Darüber hinaus hat der Gerichtshof ein **Verwerfungsmonopol** hinsichtlich sekundären Unionsrechts (vgl. Art. 19 Abs. 3 lit. b) 2. Alt. EUV), d.h. er kann das von den Unionsorganen geschaffene Recht für unwirksam erklären.

---

[92] Vgl. die Übersicht zum Vollzug des Unionsrechts unter 5.3

[93] Dazu im letzten Kapitel

Die Rechtsgrundlagen der europäischen Gerichtsbarkeit sind neben den Bestimmungen des Art. 19 EUV und der Art. 251 ff. AEUV die Satzung des Gerichtshofs[94] sowie die vom Gerichtshof erlassene Verfahrensordnungen[95] und die Verfahrensordnung des Gerichts[96].

Die Rechtswegeröffnung erfolgt in der Regel durch Art. 256 AEUV. Danach ist das Gericht für Entscheidungen im ersten Rechtszug über die in den Art. 263 AEUV (Nichtigkeitsklage), Art. 265 AEUV (Untätigkeitsklage), Art. 268 AEUV (Schadensersatzklage), Art. 270 AEUV (dienstrechtliche Streitigkeiten) und Art. 272 AEUV (Zuständigkeit aufgrund schiedsgerichtlicher Klauseln) genannten Klagen zuständig, mit Ausnahme derjenigen Klagen, die einem nach Art. 257 AEUV gebildeten Fachgericht übertragen werden, und der Klagen, die gemäß der Satzung dem Gerichtshof vorbehalten sind. Das sind gemäß Art. 51 der Satzung des Gerichtshofs Klagen der Mitgliedstaaten und der Organe der Union. Im Wesentlichen ist das Gericht deshalb nur für die Klagen zuständig, die natürliche oder juristische Personen einreichen. In diesen Fällen ist der Gerichtshof dann Rechtsmittelinstanz (vgl. Art. 256 Abs. 1 UAbs. 2 AEUV).

Es gibt jedoch nicht nur den Gerichtshof der Europäischen Union, an den man sich als Unionsbürger für die Durchsetzung von Unionsrecht wenden kann. Wer sich in Angelegenheiten, die die Europäische Union betreffen, in seinen Rechten verletzt fühlt, kann als Unionsbürger auch eine Petition an das Europäische Parlament richten (dazu unter 11.3). Daneben besteht die Möglichkeit, beim Bürgerbeauftragten des Europäischen Parlaments Beschwerde einzureichen, und zwar mit der Behauptung, in seinen Rechten durch eine europäische Behörde verletzt worden sind (dazu unter 11.4).

## 11.2 Ablauf eines Verfahrens vor dem Gerichtshof

Die gerichtlichen Verfahren gliedern sich gemäß Art. 20 der Satzung des Gerichtshofes in einen schriftlichen und einen mündlichen Teil. Das schriftliche Verfahren umfasst die Übermittlung der Klageschrift, der Klageerwiderung und gegebenenfalls der Replik nebst Anlagen in Form

[94] Sartorius II Nr. 245

[95] Sartorius II Nr. 250 und 250a

[96] Sartorius II Nr. 252

von Urkunden oder ihrer beglaubigten Abschriften an die Parteien und die Unionsorgane, deren Handlungen Gegenstand des Verfahrens sind.

Dabei erfolgt die Klageerhebung beim Gerichtshof gemäß Art. 21 der Satzung des Gerichtshofs durch Einreichung einer an den Kanzler zu richtenden Klageschrift. Die Klageschrift muss nach Art. 38 § 1 der VerfO des Gerichtshofs Namen und Wohnsitz des Klägers, die Bezeichnung des Beklagten, den Streitgegenstand und eine kurze Darstellung der Klagegründe und die Anträge des Klägers enthalten.

Vor dem Gerichtshof bzw. dem Gericht besteht gemäß Art. 19 Abs. 3 der Satzung des Gerichtshofs für Private Anwaltszwang. Die Mitgliedstaaten und die Unionsorgane müssen sich durch einen Bevollmächtigten vertreten lassen, Art. 19 Abs. 1 der Satzung. Dieser kann sich wiederum eines Rechtsbeistandes oder Rechtsanwalts bedienen.

Die Verfahrenssprache kann jede Amtssprache der EU sein, vgl. Art. 29 § 1 VerfO des Gerichtshofs. Grundsätzlich liegt das Wahlrecht diesbezüglich beim Kläger, soweit Art. 29 § 2 VerfO nichts anderes bestimmt. Unter anderem gilt etwas anderes, wenn ein Mitgliedstaat Beklagter ist. Dann richtet sich die Verfahrenssprache nach derjenigen des beklagten Mitgliedstaates.

Innerhalb eines Monats nach Zustellung der Klageschrift hat der Beklagte die Klageerwiderung einzureichen, vgl. Art. 40 § 1 VerfO des Gerichtshofs. Beide Parteien haben die Möglichkeit der Erwiderung (also Replik und Duplik), Art. 41 § 1 VerfO des Gerichtshofs.

Der Gerichtshof kann gemäß Art. 24 Abs. 1 der Satzung des Gerichtshofs zur Klärung des Sachverhaltes von den Parteien die Vorlage aller Urkunden und die Erteilung aller Auskünfte verlangen, die er für wünschenswert hält. Im Falle einer Weigerung stellt der Gerichtshof diese ausdrücklich fest. Der Gerichtshof kann ferner nach Art. 24 Abs. 2 der Satzung von den Mitgliedstaaten und den Organen, die nicht Parteien in einem Rechtsstreit sind, alle Auskünfte verlangen, die er zur Regelung dieses Rechtsstreits für erforderlich erachtet. Außerdem kann der Gerichtshof jederzeit Gutachten in Auftrag geben, vgl. Art. 25 Abs. 1 der Satzung.

Das mündliche Verfahren umfasst die Verlesung des von einem Berichterstatter vorgelegten Berichts, die Anhörung der Bevollmächtigten, Beistände und Anwälte sowie gegebenenfalls die Vernehmung von Zeugen und Sachverständigen.

Ist der Gerichtshof der Auffassung, dass eine Rechtssache keine neue Rechtsfrage aufwirft, so kann er nach Anhörung des Generalanwalts beschließen, dass ohne Schlussanträge des Generalanwalts über die Sache entschieden wird.

Andernfalls unterbreitet der Generalanwalt nach der mündlichen Verhandlung einen Vorschlag für das Urteil („Schlussanträge“). Dazu fasst er die bisherige Rechtsprechung des Gerichts oder Gerichtshofes in ähnlichen Fällen zusammen und wendet sie auf den vorliegenden Fall an. Der Generalanwalt ist dabei nicht Vertreter einer der beiden Parteien, sondern soll seinen Vorschlag unabhängig und neutral entwickeln.

Der Gerichtshof ist an die Vorschläge des Generalanwaltes nicht gebunden. In der Praxis folgt er jedoch in etwa Dreiviertel aller Fälle den Vorschlägen des Generalanwalts. Da die Entscheidungsgründe des europäischen Gerichtshofs meist knapp gehalten sind, sind die Schlussanträge des Generalanwaltes hilfreich, wenn man Aufschluss über die Beweggründe des europäischen Gerichtshofs für eine bestimmte Entscheidung erhalten möchte.

## 11.3 Unionsgerichtliche Klageverfahren

Vor der Unionsgerichtsbarkeit gibt es folgende Klageverfahren:

- das **Verfahren auf Vorabentscheidung (Art. 267 AEUV)**, in dem ein nationales Gericht dem Gerichtshof Fragen über die Auslegung und Anwendung des Unionsrecht vorlegen kann;
- die **Aufsichtsklage der Kommission (Art. 258 AEUV)**, mit der die Kommission gerichtlich feststellen lassen kann, dass ein Mitgliedstaat gegen die Verträge verstoßen hat;
- das **Vertragsverletzungsverfahren (Art. 259 AEUV)**, mit dem ein Mitgliedstaat gerichtlich feststellen lassen kann, dass ein anderer Mitgliedstaat gegen die Verträge verstoßen hat;
- die **Nichtigkeitsklage (Art. 263 AEUV)**, die der Rechtmäßigkeitsüberprüfung von Rechtsakten der Unionsorgane dient;
- die **Subsidiaritätsklage nach Art. 263 AEUV i.V.m. Art. 8 des Subsidiaritätsprotokolls** (in Deutschland i.V.m. Art. 23 Abs. 1 lit. a) GG, § 12 Abs. 4 IntVG);[97]
- die **Untätigkeitsklage (Art. 265 AEUV)**, mit der Organe der Union, Mitgliedstaaten und natürliche und juristische Personen durch den Ge-

[97] ausführlich bereits unter 2.2.1

richtshof oder das Gericht feststellen lassen können, dass es ein Organ unter Verletzung der Verträge unterlassen hat, einen bestimmten „Beschluss“ zu erlassen;

- das **Amtshaftungsverfahren (Art. 268 i.V.m. 340 Abs. 2 AEUV)**, das sowohl von Mitgliedstaaten und ihren Untergliederungen als auch von natürlichen und juristischen Personen gegen die Union erhoben werden kann wegen der von ihren Organen oder Bediensteten begangenen Schäden;
- die **Verfahren über Streitsachen zwischen der EU und ihren Bediensteten (Art. 270 AEUV);** zuständig hierfür ist das Gericht für den öffentlichen Dienst (EuGöD), das einzig bislang eingerichtete Fachgericht;[98]
- Schiedsgerichtsverfahren aufgrund von Schiedsklauseln, die in einem von der Union oder für ihre Rechnung abgeschlossenen öffentlich-rechtlichen oder privatrechtlichen Vertrag enthalten sind, Art. 272 AEUV;
- Inzidentes Normenkontrollverfahren gegen Verordnungen, Art. 277 AEUV;
- Aussetzung der sofortigen Vollziehung gemäß Art. 278 AEUV, denn grundsätzlich haben Klagen bei dem Gerichtshof der EU keine aufschiebende Wirkung;
- Einstweilige Anordnungen, Art. 279 AEUV;
- Entscheidung über die Aussetzung einer Zwangsvollstreckung, Art. 299 Abs. 4 AEUV.

Daneben kann der Gerichtshof Gutachten, Vorschläge und Stellungnahmen abgeben, z.B. Art. 218 Abs. 11 AEUV.

Im Folgenden werden die wichtigsten Verfahrensarten dargestellt: Das Vorabentscheidungsverfahren (Art. 267 AEUV), das ca. 50% der gesamten Klagen vor dem Gerichtshof ausmacht, das Vertragsverletzungsverfahren (Art. 226, 227 AEUV), die Nichtigkeitsklage (Art. 263 AEUV), die Untätigkeitsklage (Art. 265 AEUV) und die Schadensersatzklage (Art. 268 i.V.m. Art. 340 Abs. 2 AEUV).

### 11.3.1 Vorabentscheidungsverfahren

Gemäß Art. 267 AEUV entscheidet der Gerichtshof im Vorabentscheidungsverfahren über Fragen, die nationale Gerichte dem Gerichtshof vorlegen und die die Auslegung und Gültigkeit von Unionsrecht betreffen.

---

[98] näheres bereits unter 3.1.5.3

Sinn und Zweck des Verfahrens ist es, die einheitliche Anwendung und Geltung des Unionsrechts zu gewährleisten. Funktionell handelt es sich um ein prozessuales Zwischenverfahren, das in seiner Ausgestaltung dem konkreten Normenkontrollverfahren im deutschen Recht nach Art. 100 Abs. 1 GG ähnelt. Es handelt sich um ein Antragsverfahren.

Der Antrag muss zulässig sein, damit in der Sache überhaupt entschieden wird.

#### 11.3.1.1 Zuständigkeit des Gerichtshofs

Das angerufene Gericht prüft wie immer als erstes seine Zuständigkeit. Für Verfahren der Vorabentscheidung ist der Gerichtshof gemäß Art. 256 Abs. 1 i.V.m. Art. 267 AEUV zuständig. Gemäß Art. 256 Abs. 3 AEUV kann in der Satzung des Gerichtshofes der Europäischen Union (im folgenden nur Satzung) auch vorgesehen werden, dass das Gericht (früher „Gericht erster Instanz“) in besonderen in der Satzung festgelegten Sachgebieten für Vorabentscheidungen nach Art. 267 AEUV zuständig ist. Von dieser Möglichkeit ist aber bislang noch kein Gebrauch gemacht worden.

#### 11.3.1.2 Vorlageberechtigung des nationalen Gerichts

Des weiteren muss das vorlegende Gericht vorlageberechtigt sein. Vorlageberechtigt sind gemäß Art. 267 Abs. 2 AEUV nur die Gerichte der Mitgliedstaaten. Dabei ist der Begriff des Gerichts unionsrechtlich auszulegen und muss nicht notwendiger Weise mit dem übereinstimmen, was die nationalen Rechtsordnungen unter „Gerichten“ verstehen. Ansonsten würde die Vorschrift in den Mitgliedstaaten unterschiedlich angewendet werden und dem Zweck des Verfahrens, eine einheitliche Anwendung und Durchsetzung des Unionsrechts zu gewährleisten, zuwiderlaufen.

Der Gerichtshof hat verschiedene Kriterien entwickelt, anhand derer der Begriff des Gerichts definiert werden kann. Nach der Rechtsprechung des Gerichtshofes muss es sich um einen

- unabhängigen,
- in das innerstaatliche Rechtsschutzsystem eingebundenen und
- durch oder aufgrund eines Gesetzes (als hoheitliche Regelung)
- ständig eingerichteten Spruchkörper handeln,
- der im Rahmen einer obligatorischen und nicht bloß gewillkürten Zuständigkeit
- in Rechtsstreitigkeiten (nicht nur kontradiktorischen Verfahren)
- bindende Entscheidungen trifft,

- wobei nicht allein die Billigkeit, sondern das Recht als Entscheidungsmaßstab dient.

Von den staatlichen Gerichten werden diese Voraussetzungen ohne weiteres erfüllt, von privaten Schiedsgerichten dagegen nicht.[99] Grundsätzlich sind auch Streitschlichtungsinstanzen berufsständischer Organisationen als Gerichte i.S.d. Art. 267 Abs. 2 AEUV anzusehen, da die Besetzung der Berufsgerichte zwar auf die Initiative des Berufsverbandes zurückgeht, aber durch die Landesbehörden bestätigt wird, also gewisser behördlicher Aufsicht unterliegt.[100]

#### 11.3.1.3 Vorlagerecht - Vorlagepflicht

Das vorlegende Gericht hat nach Art. 267 Abs. 2 AEUV ein Vorlage*recht*, wenn es Zweifel an der Auslegung oder Anwendung von Unionsrecht hat und die Vorlagefrage für die Entscheidung des Ausgangsrechtsstreits erheblich ist. Die Entscheidungserheblichkeit beurteilt sich aus der Sicht des vorlegenden Gerichts und wird grundsätzlich vom Gerichtshof nicht überprüft. Andernfalls müsste sich der Gerichtshof mit der Anwendung und Auslegung nationalen Rechts befassen, wozu er keine Kompetenz besitzt.

Ausnahmsweise kann der Gerichtshof ein Vorabentscheidungsverfahren mangels Entscheidungserheblichkeit für unzulässig erachten, wenn

- zwischen der vorgelegten Frage und dem Rechtsstreit ersichtlich kein Zusammenhang besteht und die Entscheidungserheblichkeit offensichtlich irrtümlich angenommen wurde,[101]
- das Verfahren vor dem vorlegenden Gericht bereits abgeschlossen ist[102] oder
- wenn es sich um eine fingierte Rechtsstreitigkeit handelt, die offensichtlich nur konstruiert wurde, um den Gerichtshof mit einer bestimmten Frage zu befassen.[103]

Mitgliedstaatliche Gerichte haben demgegenüber eine Vorlage*pflicht*, wenn die Entscheidung im Ausgangsverfahren nicht mehr mit Rechtsbehelfen des innerstaatlichen Rechts angegriffen werden kann (Art. 267

[99] EuGH Slg. 1982, 1095, Rn. 12 f. - Nordsee

[100] EuGH Slg. 1981, 2311, Rn. 16 f. - Broekmeulen

[101] EuGH Slg. 1981, 1563, Rn. 6 - Salonia

[102] EuGH Slg. 1988, 2041, Rn. 11 - Pardini

[103] EuGH Slg. 1980, 745, Rn. 11 – Foglia/Novello I

Abs. 3 AEUV) oder wenn eine Unionshandlung wegen Zweifeln an ihrer Gültigkeit unangewendet bleiben soll. Nach der „abstrakten Theorie" ist nur das jeweils höchste Gericht eines Instanzenzugs zur Vorlage verpflichtet. Die ganz herrschende Meinung folgt jedoch einer „konkreten" Betrachtungsweise, wonach das Gericht, dessen Entscheidung *im konkreten Fall* nicht mehr mit Rechtsmitteln angefochten werden kann, zur Vorlage verpflichtet ist. Unter Umständen kann dies sogar das Amtsgericht sein, wenn die Berufungssumme nicht erreicht wird. Dieser Ansicht ist aufgrund der Sicherung einheitlicher Anwendung des Unionsrechts der Vorzug zu geben.

Ausnahmsweise sind mitgliedstaatliche Gerichte, deren Entscheidungen nicht mehr mit Rechtsbehelfen angefochten werden können, von der Vorlagepflicht befreit,

- wenn eine gesicherte unionsgerichtliche Rechtsprechung zu dieser Frage vorliegt, durch welche die betreffenden Frage geklärt ist (außer bei Zweifeln, ob die Unionsgerichtsbarkeit an ihrer bisherigen Rechtsprechung festhalten will)
- bei so klaren unionsrechtlichen Normen, dass nur eine Auslegung möglich ist (selten!)
- in Eilverfahren, da eine Überprüfung im Hauptsacheverfahren erfolgen kann.

#### 11.3.1.4 Exkurs: Folgen der Missachtung der Vorlagepflicht

Die Verletzung der Vorlagepflicht nach Art. 267 Abs. 3 AEUV durch ein deutsches Gericht stellt nicht nur einen Unionsrechtsverstoß dar, sondern auch einen Verstoß gegen das Grundgesetz. Gemäß Art. 101 Abs. 1 S. 2 GG darf niemand seinem gesetzlichen Richter entzogen werden. Auch richterliche Maßnahmen und Entscheidungen können die Garantie des gesetzlichen Richters verletzen. Da der Europäische Gerichtshof gesetzlicher Richter i.S.d. Art. 101 Abs. 1 S. 2 GG ist,[104] kann der einzelne Bundesbürger bei Nichtvorlage an den Gerichtshof gegen das betreffende Urteil Verfassungsbeschwerde nach Art. 93 Abs. 1 Nr. 4 lit. a) i.V.m. Art. 101 Abs. 1 S. 2 GG beim Bundesverfassungsgericht einreichen.

Allerdings führt nicht schon jede bloß fehlerhafte Anwendung von Zuständigkeits- und Verfahrensvorschriften zu einer verfassungswidrigen Entziehung des gesetzlichen Richters. Die Grenze zur Verfassungswidrig-

[104] Zur Begründung: BVerfGE 73, 339, 366 ff. – Solange II

keit ist nach ständiger Rechtsprechung des Bundesverfassungsgerichts vielmehr erst dann überschritten, wenn das Gericht willkürlich handelt und die fehlerhafte Auslegung und Anwendung einer Zuständigkeits- oder Verfahrensnorm offensichtlich unhaltbar ist.[105]

Hinsichtlich der Vorlagepflicht deutscher Gerichte nach Art. 267 Abs. 3 AEUV hat das Bundesverfassungsgericht die Anforderungen, unter denen ein „willkürliches Verhalten“ anzunehmen ist, näher konkretisiert. Die Missachtung der Vorlagepflicht verletzt nur dann die Garantie des gesetzlichen Richters, wenn

- ein letztinstanzliches Hauptsachegericht eine Vorlage trotz der - seiner Auffassung nach bestehenden - Entscheidungserheblichkeit der unionsrechtlichen Frage überhaupt nicht in Erwägung zieht, obwohl es selbst Zweifel hinsichtlich der richtigen Beantwortung der Frage hegt (grundsätzliche Verkennung der Vorlagepflicht),
- das letztinstanzliche Hauptsachegericht in seiner Entscheidung bewusst von der Rechtsprechung des Gerichtshofs zur entscheidungserheblichen Fragen abweicht und gleichwohl nicht oder nicht neuerlich vorlegt (bewusstes Abweichen ohne Vorlagebereitschaft),[106] oder
- für den Fall, dass zu einer entscheidungserheblichen Frage des Unionsrechts einschlägige Rechtsprechung des Gerichtshofes noch nicht vorliegt oder eine vorliegende Rechtsprechung die entscheidungserhebliche Frage möglicherweise noch nicht erschöpfend beantwortet hat oder eine Fortentwicklung der Rechtsprechung des Gerichtshofes nicht nur als entfernte Möglichkeit erscheint, das letztinstanzliche Hauptsachegericht den ihm in solchen Fällen notwendig zukommenden Beurteilungsrahmen in unvertretbarer Weise überschritten hat (Unvollständigkeit der Rechtsprechung). Dies kann insbesondere dann der Fall sein, wenn mögliche Gegenauffassungen zu der entscheidungserheblichen Frage des Unionsrechts gegenüber der vom Gericht vertretenen Meinung eindeutig vorzuziehen sind.[107]

Ein Verstoß gegen die Vorlagepflicht führt also nur ausnahmsweise zu einer Verletzung der Garantie des gesetzlichen Richters nach Art. 101 Abs. 1 S. 2 GG.

---

[105] BVerfGE 29, 198, 207 - Lüth

[106] vgl. BVerfGE 75, 223 – Kloppenburg-Beschluss

[107] BVerfGE 82, 159, 195 f. - Absatzfonds

#### 11.3.1.5 Zulässigkeit und Formulierung der Vorlagefrage

Des weiteren muss es sich um eine zulässige Vorlagefrage handeln. Zulässig sind gemäß Art. 267 Abs. 1 AEUV Fragen nach der Auslegung der Verträge (lit. a), aber auch der allgemeinen Rechtsgrundsätze und des Gewohnheitsrechts sowie Fragen nach der Auslegung sekundären Unionsrechts (lit. b).

Die Formulierung der Vorlagefrage muss bei Auslegungsvorlagen abstrakt und ausschließlich auf die Auslegung des entscheidungserheblichen Unionsrechts bezogen sein („Ist Art. [...] dahingehend auszulegen, dass...“). Die Vorlagefrage ist allgemein zu halten, da der Gerichtshof nicht den konkreten, die Vorlage auslösenden Fall zu entscheiden hat. Er behandelt allerdings auch keine rein hypothetischen Fragen.

Die Vorlagefrage, die sich mit der Gültigkeit eines sekundären Rechtsaktes auseinandersetzt, muss demgegenüber konkret formuliert sein („Ist Art. [...] der Verordnung [...] rechtsgültig?“).

#### 11.3.1.6 Entscheidungserheblichkeit der Vorlagefrage

Der nächste Prüfungspunkt, die Entscheidungserheblichkeit der Vorlagefrage, ist eine Frage der nationalen Rechtsordnung und bestimmt sich daher allein aus der Sicht des vorlegenden Gerichts. Ansonsten müsste der Gerichtshof sich mit der Auslegung und Anwendung nationalen Rechts befassen, wozu er keine Kompetenz besitzt. Ausnahmsweise prüft der Gerichtshof allerdings die Zulässigkeit der Vorlagefrage bei eindeutigen Missbrauchsfällen (konstruierten Vorlagen), offensichtlich hypothetischen Fragen und offensichtlich fehlendem Zusammenhang zwischen der Vorlagefrage und dem Ausgangsrechtsstreit. Die Entscheidungserheblichkeit liegt vor, wenn das vorlegende Gericht abhängig von der Beantwortung der Vorlagefrage anders entscheiden müsste.

#### 11.3.1.7 Frist

Für das Vorabentscheidungsverfahren gilt keine Frist. Bei Vorlagen, die die Gültigkeit eines Sekundärrechtsaktes betreffen, ist jedoch zu beachten, dass es noch ein weiteres Verfahren gibt, dass sich mit der Gültigkeit von Sekundärrechtsakten befasst: Die Nichtigkeitsklage gemäß Art. 263 AEUV. Dessen Zwei-Monats-Frist nach Art. 263 Abs. 6 AEUV würde umgangen werden, wenn bei gleichen Voraussetzungen immer auch ein Vorlageverfahren durchgeführt werden könnte. Deshalb ist eine Vorlage nach Ablauf der Zwei-Monats-Frist des Art. 263 Abs. 6 AEUV unzulässig, wenn eine Nichtigkeitsklage nach Art. 263 AEUV offensichtlich zulässig gewesen wäre.

#### 11.3.1.8 Sachentscheidung des Gerichtshofs

Bei Auslegungsfragen legt der Gerichtshof das vorgelegte Primärrecht (Art. 267 Abs. 1 lit. a) AEUV) oder den vorgelegten Sekundärrechtsakt (Art. 267 Abs. 1 lit. b) AEUV) im Urteilstenor aus und gibt dem nationalen Gericht in den Entscheidungsgründen Auslegungskriterien vor, damit das nationale Gericht die Vereinbarkeit des nationalen Rechts mit dem Unionsrecht prüfen kann.

Bei Gültigkeitsfragen überprüft der Gerichtshof die Vereinbarkeit des vorgelegten Rechtsaktes (Art. 267 Abs. 1 lit. b) AEUV) mit höherrangigem Recht verbunden mit einem dem Gerichtshof zustehenden Verwerfungsmonopol. Im Urteilstenor wird der vorgelegte Unionsrechtsakt für gültig oder ungültig erklärt und in den Entscheidungsgründen wird die Vereinbarkeit oder Unvereinbarkeit mit höherrangigem Unionsrecht festgestellt.

#### 11.3.1.9 Wirkungen des Vorabentscheidungsurteils

Das Vorabentscheidungsurteil bindet das vorlegende Gericht sowie sämtliche in der gleichen Rechtssache entscheidenden Instanzgerichte („inter-partes-Wirkung").

Darüber hinaus haben *Auslegungsurteile* des Gerichtshofes eine zumindest eingeschränkte „erga-omnes-Wirkung", d.h. auch alle anderen Gerichte sind faktisch an die Auslegung des Gerichtshofes gebunden, ohne dass ihnen jedoch eine erneute Vorlage verwehrt wäre, wenn sie von der bisherigen Auslegung des Unionsrechts durch den Gerichtshof abweichen möchten.

Soweit der Gerichtshof einen Unionsrechtsakt für *ungültig* erklärt hat, haben die mitgliedstaatlichen Gerichte von der Ungültigkeit des Rechtsaktes in allen anderen Verfahren auszugehen (umfassende „erga-omnes-Wirkung"). Soweit der Gerichtshof einen Rechtsakt für gültig befunden hat, hindert dies eine erneute Vorlage nicht, soweit sich in einem anderen Verfahren neue Aspekte ergeben, die für die Ungültigkeit des Rechtsaktes in Frage kommen.

Dabei wirken Vorabentscheidungsurteile grundsätzlich auch *ex-tunc*, d.h. nicht nur für zukünftige, sondern auch für abgeschlossene Sachverhalte.

| Das Vorabentscheidungsverfahren nach Art. 267 AEUV |
|---|
| **A. Zulässigkeit des Vorabentscheidungsverfahrens** |
| **I. Zuständigkeit des Gerichtshofes** nach Art. 256 I, 267 I AEUV |
| **II. Vorlageberechtigung des nationalen Gerichts**<br>Gericht i.S.d. Art. 267 AEUV als unabhängiges, in das innerstaatliche Rechtsschutzsystem eingebundenes und durch oder aufgrund eines Gesetzes eingerichtetes Spruchorgan, das obligatorisch für Rechtsstreitigkeiten zuständig ist und bindende Entscheidungen trifft, die auf rechtlichen Erwägungen beruhen. |
| **III. Zulässiger Vorlagegenstand** gem. Art. 267 I a)-b) AEUV<br>Fragen über die Auslegung des primären und sekundären Unionsrechts sowie über Gültigkeit sekundären Unionsrechts |
| **IV. Formulierung der Vorlagefrage**<br>Bei Auslegungsfragen abstrakt und ausschließlich auf die Auslegung des entscheidungserheblichen Unionsrechts bezogen („Ist Art. [...] dahingehend auszulegen, dass...“); Gültigkeitsfragen sind konkret zu formulieren („Ist Art. [...] der Verordnung [...] rechtsgültig?“) |
| **V. Entscheidungserheblichkeit der Vorlagefrage**<br>Die Entscheidungserheblichkeit ist eine Frage der nationalen Rechtsordnung und bestimmt sich damit allein aus der Sicht des vorlegenden Gerichts. |
| **VI. Keine Frist,**<br>aber nach Ablauf der Zwei-Monats-Frist des Art. 263 Abs. 6 AEUV unzulässig, wenn eine Nichtigkeitsklage nach Art. 263 AEUV offensichtlich zulässig gewesen wäre. |
| **B. Sachentscheidung des Gerichtshofs**<br>Bei Auslegungsfragen: Vorgabe der Auslegungskriterien, damit nationales Gericht die Vereinbarkeit des nationalen Rechts mit dem Unionsrecht prüfen kann (= sog. Auslegungsmonopol). Bei Gültigkeitsfragen: Überprüfung der Vereinbarkeit des Rechtsakts mit höherrangigem Recht verbunden mit einem dem Gerichtshof zustehenden Verwerfungsmonopol. |
| **C. Rechtsfolgen des Vorabentscheidungsurteils**<br>Bindung aller mitgliedstaatlichen Gerichte „erga omnes“ und „ex-tunc“ |

### 11.3.2 Vertragsverletzungsverfahren gegen Mitgliedstaaten

Das Vertragsverletzungsverfahren bietet sowohl der Kommission als „Hüterin der Verträge“ als auch den Mitgliedstaaten die Möglichkeit, in Form einer Feststellungsklage gegen Vertragsverletzungen anderer Mitgliedstaaten vorzugehen. Sinn des Verfahrens ist es, durch Sanktionierung den gegen das Unionsrecht verstoßenden Mitgliedstaaten zu veranlassen, die Vertragsverletzung zu unterlassen und zu beseitigen.

Das Verfahren ist unter folgenden Voraussetzungen zulässig:

#### 11.3.2.1 Zuständigkeit des Gerichtshofes

Sachlich zuständig für Vertragsverletzungsverfahren ist ausschließlich der Gerichtshof mangels Sonderzuweisung an das Gericht gemäß Art. 256 Abs. 1 AEUV.

#### 11.3.2.2 Aktive und passive Parteifähigkeit

Die aktive Parteifähigkeit, d.h. die Berechtigung vor dem Gerichtshof eine Vertragsverletzung geltend zu machen, haben gemäß Art. 258 Abs. 2 AEUV zum einen die Kommission als „Hüterin der Verträge“, zum anderen jeder Mitgliedstaat gemäß Art. 259 Abs. 1 AEUV.

Passiv parteifähig sind allein die Mitgliedstaaten, und zwar unabhängig davon, welche staatliche Stelle gehandelt hat.

#### 11.3.2.3 Zulässiger Klagegegenstand

Zulässiger Klagegegenstand ist der geltend gemachte Verstoß eines Mitgliedstaates gegen primäres oder sekundäres Unionsrecht. Geltend gemachte Verstöße sind häufig die nicht rechtzeitige oder nicht ordnungsgemäße Umsetzung von Richtlinien, der Widerspruch innerstaatlicher Rechtsvorschriften zum Unionsrecht oder die Nichtanwendung von Unionsrecht durch innerstaatliche Gerichte oder Behörden.

#### 11.3.2.4 Überzeugung einer Vertragsverletzung

Gemäß Art. 258 Abs. 1, Art. 259 Abs. 1 AEUV muss die Kommission bzw. der Mitgliedstaat *der Auffassung sein*, dass der Mitgliedstaat eine Vertragsverletzung begangen hat. Voraussetzung ist demnach die Überzeugung einer Vertragsverletzung. Ein „Für-möglich-halten“ genügt nicht.

#### 11.3.2.5 Vorverfahren als Klagevoraussetzung

Der Klage nach Art. 258, 259 AEUV muss ein Vorverfahren vorausgehen, das lediglich in den Fällen des Art. 108 Abs. 2 UAbs. 2 und 114 Abs. 9 AEUV entbehrlich ist. Fakultativ kann es in diesen Fällen aber dennoch durchgeführt werden. Die ordnungsgemäße Durchführung des Vorverfahrens ist unverzichtbare Klagevoraussetzung gemäß Art. 258 AEUV. Darüber hinaus bestimmt es den Klagegegenstand in tatsächlicher und rechtlicher Hinsicht. Das Vorverfahren gliedert sich in zwei Abschnitte:

Bei Einleitung durch Kommission (Art. 258 AEUV) muss diese an den betreffenden Mitgliedstaat ein „**erstes Mahnschreiben**“ richten, das die Mitteilung enthalten muss, durch welches Verhalten der Mitgliedstaat gegen welche Bestimmung der Verträge verstoßen hat. Es müssen somit die Tatsachen genannt werden, die nach Ansicht der Kommission eine Vertragsverletzung darstellen. Damit wird der Klagegegenstand des späteren Verfahrens in rechtlicher und tatsächlicher Hinsicht eingegrenzt. Zu beachten ist, dass später keine Möglichkeit besteht, den Streitgegenstand ohne erneute Durchführung des Vorverfahrens zu erweitern.

Darüber hinaus muss die Kommission ankündigen, dass ein Vertragsverletzungsverfahren eingeleitet wird und dem Mitgliedstaat eine bestimmte Frist setzen, in der dieser sich zu den erhobenen Vorwürfen zu äußern hat.

Unabhängig davon, ob der Mitgliedstaat sich innerhalb der gesetzten Frist zu den Vorwürfen äußert oder nicht, muss die Kommission im zweiten Abschnitt des zwingend erforderlichen Vorverfahrens eine „**begründete Stellungnahme“** abgeben, in der nochmals eine klare Darstellung der Tatsachen und Gründe erfolgen muss, die nach Ansicht der Kommission zu dem Vertragsverstoß führen. Weiterhin hat die Kommission dem Mitgliedstaat in der begründeten Stellungnahme ein Frist zu setzen, innerhalb derer der Mitgliedstaat die Vertragsverletzung zu beheben hat. Eine Mindestlänge der Frist ist nicht vorgesehen. In der Regel gibt die Kommission dem Mitgliedstaat eine Frist von zwei Monaten. Diese relativ kurze Frist wird vom Gerichtshof gebilligt.

Kommt der Mitgliedstaat innerhalb der gesetzten Frist der Stellungnahme der Kommission nicht nach, kann die Kommission gemäß Art. 258 Abs. 2 AEUV den Gerichtshof wegen Vertragsverletzung anrufen und auf diese Weise eine objektive Rechtskontrolle herbeiführen. Nach richtiger Auffassung steht die Erhebung einer Klage im Ermessen der Kommission.

Wird das Vertragsverletzungsverfahren durch einen Mitgliedstaat eingeleitet, so muss dieser gemäß Art. 259 Abs. 2 AEUV die Kommission damit befassen. Dafür stellt der Mitgliedstaat zunächst einen Antrag auf Abgabe einer Stellungnahme durch die Kommission hinsichtlich der geltend gemachten Vertragsverletzung. Die Kommission führt daraufhin gemäß Art. 259 Abs. 3 AEUV ein kontradiktorisches, d.h. ein streitiges Verfahren durch, in dem beiden Parteien Gelegenheit zu schriftlicher oder mündlicher Äußerung gegeben wird. Im Anschluss daran erlässt die Behörde eine mit Gründen versehene Stellungnahme. Das Vorverfahren ist damit abgeschlossen.

Unterlässt die Kommission die Abgabe einer Stellungnahme, kann der Mitgliedstaat dennoch nach Ablauf von drei Monaten Klage einreichen, Art. 259 Abs. 4 AEUV.

#### 11.3.2.6 Keine Klagefrist

Eine Klagefrist ist für das Vertragsverletzungsverfahren nach Art. 258, 259 AEUV nicht vorgesehen. Allerdings kann die Kommission gemäß Art. 258 Abs. 2 AEUV erst dann Klage ergeben, wenn die Frist, die sie dem Mitgliedstaat zur Beseitigung der Vertragsverletzung in der begründeten Stellungnahme gegeben hat, abgelaufen ist.

#### 11.3.2.7 Allgemeines Rechtsschutzbedürfnis

Unter den genannten Voraussetzungen ist das Rechtsschutzbedürfnis in der Regel zu bejahen und bedarf keiner besonderen Prüfung. Problematisch ist es nur dann, wenn der Mitgliedstaat während oder nach Durchführung des Vorverfahrens, also noch vor Klageerhebung, die Vertragsverletzung beseitigt.

Beseitigt der Mitgliedstaat innerhalb der von der Kommission in der begründeten Stellungnahme gesetzten Frist die Vertragsverletzung vollständig, hat die Kommission kein Rechtsschutzinteresse mehr an der Klage, es sei denn, von dem Urteil des Gerichtshofes hängt die Haftung des Mitgliedstaates auf Schadensersatz gegenüber einem Betroffenen ab. Außerdem kann das Feststellungsinteresse ausnahmeweise fortbestehen, wenn mit einer Wiederholung der Vertragsverletzung durch den Mitgliedstaat zu rechnen ist.

Beseitigt der Mitgliedstaat die Vertragsverletzung erst nach Ablauf der durch die Kommission gesetzten Frist, ändert dies an der Zulässigkeit der Klage nichts.

#### 11.3.2.8 Begründetheit des Vertragsverletzungsverfahrens

Das Vertragsverletzungsverfahren ist begründet, wenn der geltend gemachte Vertragsverstoß tatsächlich begangen wurde. Auf ein Verschulden kommt es nicht an. Entscheidend ist allein die objektive Verletzung primären oder sekundären Unionsrechts.

Der Mitgliedstaat kann sich nicht darauf berufen, dass er aus organisatorischen oder verfahrenstechnischen Gründen gehindert gewesen sei, eine Vertragsverletzung zu beenden. Er kann sich zum Beispiel auch nicht darauf berufen, dass der Bundestag oder ein Landtag aus verfassungsmäßigen Gründen die Umsetzung einer Richtlinie in innerstaatliches Recht verweigert. Die Pflicht zur Umsetzung von Richtlinien ergibt sich aus dem Grundsatz zur Unionstreue (Art. 4 Abs. 3 EUV). Der Mitgliedstaat ist gegenüber der Union für jedes Fehlverhalten staatlicher Stellen in seinem Hoheitsgebiet verantwortlich. Er kann sogar für das Verhalten von Privatpersonen verantwortlich sein, wenn er es pflichtwidrig unterlassen hat, erforderliche und geeignete Maßnahmen zu ergreifen, um in seinem Hoheitsgebiet die Einhaltung der Verträge sicher zu stellen.

Ebenso wenig kann sich der Staat darauf berufen, dass eine Anpassung des innerstaatlichen Rechts wegen des Anwendungsvorrangs des Unionsrechts ohnehin nicht erfolgen müsse. Dies würde dem Grundsatz der Rechtssicherheit und der Rechtsklarheit widersprechen. Der Bürger muss vielmehr Klarheit darüber haben, welche Gesetze für ihn gelten, ohne sich über den Rang und die Geltung informieren zu müssen.

Die Mitgliedstaaten können sich ferner nicht darauf berufen, dass andere Mitgliedstaaten ebenfalls eine Vertragsverletzung begangen haben (sog. tu-quoque-Einwand). Denn die sich aus den Verträgen ergebenden Verpflichtungen stehen nicht in einem Gegenseitigkeitsverhältnis. Sie müssen von jedem Mitgliedstaat unabhängig vom Fehlverhalten eines anderen beachtet werden.

#### 11.3.2.9 Entscheidung des Gerichtshofs und seine Folgen

Gemäß Art. 260 Abs. 1 AEUV ergeht ein Feststellungsurteil. Der Mitgliedstaat ist verpflichtet, die Maßnahmen zu ergreifen, die sich aus dem Urteil ergeben (Art. 260 Abs.1 AEUV). Kommt der Mitgliedstaat dieser Pflicht nicht nach, so stellt dies wiederum eine Vertragsverletzung dar, die mit einem erneuten Vertragsverletzungsverfahren verfolgt werden kann. Hier ist dann das Vorverfahren nach Art. 260 Abs.2 AEUV maßgeblich. Allerdings ist seit dem Vertrag von Lissabon ein erneutes Vertragsverletzungsverfahren bei der Nichtumsetzung von Richtlinien nicht mehr erforderlich. Nach Art. 260 Abs. 3 AEUV kann die Kommission demnach direkt unter bestimmten Voraussetzungen dem Gerichtshof die Höhe eines Pauschalbetrages oder Zwangsgeldes nennen, die sie den Umständen nach für angemessen hält.

## Das Vertragsverletzungsverfahren nach Art. 258, 259 AEUV

**A. Zulässigkeit des Vertragsverletzungsverfahrens**

**I. Zuständigkeit des Gerichtshofes** nach Art. 256 I AEUV

**II. Parteifähigkeit**

1. Aktive Parteifähigkeit

- Kommission nach Art. 258 II AEUV („Hüterin der Verträge")
- Mitgliedstaaten nach Art. 259 I AEUV

2. Passive Parteifähigkeit

allein Mitgliedstaaten - unerheblich, welche staatliche Stelle gehandelt hat

**III. Zulässiger Klagegegenstand**

Verletzung von primärem oder sekundären Unionsrecht

**IV. Überzeugung der Vertragsvertragsverletzung**

Kommission oder Mitgliedstaat müssen *der Auffassung sein*, dass Vertragsverletzung begangen wurde; ein „Für-möglich-halten" reicht nicht aus

**V. Ordnungsgemäßes Vorverfahren** (als unverzichtbare Klagevoraussetzung und zur Festlegung des Klagegegenstandes!)

1. Bei Einleitung durch Kommission

a) erstes Mahnschreiben an Mitgliedstaat, das enthalten muss

- Mitteilung der Tatsachen, die zur Vertragsverletzung führen
- Ankündigung der Einleitung eines Vertragsverletzungsverfahrens
- Aufforderung an Mitgliedstaat, sich innerhalb einer Frist zu äußern

b) begründete Stellungnahme der Kommission, die enthalten muss:

- Wiederholung und klare Darstellung der Tatsachen und Gründe
- Frist, innerhalb derer Vertragsverletzung zu beheben ist

c) Fruchtloser Ablauf der gesetzten Frist

2. Bei Einleitung des Vertragsverletzungsverfahrens durch Mitgliedstaat

a) Antrag gegenüber Kommission auf Abgabe einer Stellungnahme

b) Gelegenheit zu schriftlicher oder mündlicher Äußerung des Mitgliedstaates

c) Abgabe einer begründeten Stellungnahme oder direkte Klageerhebung, wenn Stellungnahme nicht innerhalb einer Frist von drei Monaten abgegeben wird

**VI. Klagefrist** nicht vorgesehen,

aber Klage erst möglich, wenn Frist zur Beseitigung der Vertragsverletzung abgelaufen ist.

**VII. Allgemeines Rechtsschutzbedürfnis**

Es fehlt, wenn die Vertragsverletzung innerhalb der in der begründeten Stellungnahme gesetzten Frist behoben wird.

**B. Begründetheit des Vertragsverletzungsverfahrens**

Das Vertragsverletzungsverfahren ist begründet, wenn der geltend gemachte Vertragsverstoß tatsächlich begangen wurde. Auf ein Verschulden kommt es nicht an. Entscheidend ist allein die objektive Vertragsverletzung. Der Mitgliedstaat kann sich nicht darauf berufen, dass

- er aus organisatorischen Gründen nicht habe reagieren können
- eine Anpassung des innerstaatlichen Rechts wegen des Anwendungsvorrangs des Unionsrechts entbehrlich sei
- ein anderer Mitgliedstaat ebenfalls so gehandelt habe

**C. Entscheidungsfolgen, Art. 260 AEUV**

Feststellung des Gerichthofes, dass der Mitgliedstaat die Vertragsverletzung begangen hat. Der Mitgliedstaat hat dann die Maßnahmen zu ergreifen, die sich aus dem Urteil ergeben, Art. 260 I AEUV. Ergreift er diese Maßnahmen nicht, kann die Kommission u.a. eine Frist setzen, nach deren Verstreichen der Mitgliedstaat zu einem Zwangsgeld verurteilt werden kann, Art. 260 II AEUV.

### 11.3.3 Nichtigkeitsklage

Die Nichtigkeitsklage ermöglicht eine Überprüfung der Rechtmäßigkeit von Rechtsakten der Unionsorgane oder sonstiger Einrichtungen der Union. Hat die Nichtigkeitsklage Erfolg, erklärt die europäische Gerichtsbarkeit den unionsrechtswidrigen Rechtsakt für nichtig.

Die Klage kann als objektives Beanstandungsverfahren durchgeführt werden oder als Klage aufgrund eigener subjektiver Betroffenheit. In der zweiten Variante ähnelt sie der nationalen Anfechtungsklage im Verwaltungsrecht.

Es gibt folgende Zulässigkeitsvoraussetzungen für die Nichtigkeitsklage:

#### 11.3.3.1 Zuständigkeit des Gerichtshofs und des Gerichts

Die Zuständigkeit der unionsrechtlichen Gerichtsbarkeit hängt davon ab, wer klagt.

Klagen Unionsorgane oder Mitgliedstaaten, ist gemäß Art. 256 Abs. 1 S. 1 Hs. 2 AEUV i.V.m. Art. 51 der Satzung der Gerichtshof zuständig.

Greifen natürliche oder juristische Personen einen Unionsrechtsakt an, ist die Zuständigkeit des Gerichts gegeben, vgl. Art. 256 Abs. 1 S. 1 Hs. 1 AEUV.

#### 11.3.3.2 Aktive und passive Beteiligtenfähigkeit

Die Parteien einer Nichtigkeitsklage müssen für eine solche beteiligtenfähig sein.

Aktiv beteiligtenfähig sind gemäß Art. 263 Abs. 2 AEUV die Mitgliedstaaten, das Europäische Parlament, der Rat oder die Kommission. Art. 263 Abs. 3 AEUV erkennt auch dem Rechnungshofs, der Europäischen Zentralbank und dem Ausschuss der Regionen die aktive Beteiligtenfähigkeit zu.

Neben den Organen der EU sind auch natürliche und juristische Personen aktiv beteiligtenfähig, vgl. Art. 263 Abs. 4 AEUV.

Passiv beteiligtenfähig, d.h. Beklagte können sein: Unionsorgane, deren Handeln nach Art. 263 Abs. 1 AEUV Verfahrensgegenstand sein kann, sowie Einrichtungen oder sonstige Stellen der Union, soweit ihre Handlungen Rechtswirkungen gegenüber Dritten haben.

#### 11.3.3.3 Zulässiger Klagegegenstand

Soweit es sich um Klagen der in Art. 263 Abs. 2 und 3 AEUV genannten Organe und Einrichtungen geht, können Klagegegenstand alle rechtsverbindlichen Handlungen der in Art. 263 Abs. 1 AEUV genannten Unionsorgane sein, d.h. insbesondere Verordnungen, Richtlinien, Beschlüsse gemäß Art. 288 Abs. 2 bis 4 AEUV, sowie Handlungen von Einrichtungen oder sonstigen Stellen der Union, die Rechtswirkungen gegenüber Dritten erzeugen.
Soweit es sich um Individualklagen natürlicher oder juristischer Personen handelt, können Klagegenstand nur die an sie gerichteten oder sie unmittelbar und individuell betreffenden Handlungen sein sowie Rechtsakte mit Verordnungscharakter, die sie unmittelbar betreffen und keine Durchführungsmaßnahmen nach sich ziehen.

#### 11.3.3.4 Klagebefugnis

Bei Klagen von Mitgliedstaaten, dem Europäischen Parlament, dem Rat oder der Kommission ist eine Klagebefugnis nicht von der Geltendmachung einer individuellen Betroffenheit abhängig (sog. *privilegierte* Klagebefugte), Art. 263 Abs. 2 AEUV.

Nichtigkeitsklagen, die vom Rechnungshof, der EZB oder dem AdR erhoben werden, müssen auf die „Wahrung ihrer Rechte“ abzielen (Geltendmachung *eigener* Rechte), Art. 263 Abs. 3 AEUV. In Betracht kommt hier insbesondere die Verletzung institutioneller Befugnisse wie zum Beispiel die fehlende oder unzulängliche Beteiligung im Rechtssetzungsverfahren.

Natürliche oder juristische Personen müssen dagegen nachweisen, dass die angefochtene Handlung gegen sie gerichtet ist und sie unmittelbar und individuell betrifft, vgl. Art. 263 Abs. 4 AEUV. Bei Rechtsakten mit Verordnungscharakter genügt es, wenn der Kläger unmittelbar betroffen ist und der Rechtsakt keine Durchführungsmaßnahmen nach sich zieht. Eine individuelle Betroffenheit ist nicht erforderlich.

*Betroffensein* verlangt, dass der Kläger durch die angegriffene Handlung bzw. den angegriffenen Rechtsakt in irgendeiner Form persönlich beschwert sein muss. Ausreichend ist hier jede tatsächliche Beeinträchtigung persönlicher oder wirtschaftlicher Art.

*Unmittelbarkeit* bedeutet, dass die angefochtene Handlung bzw. der angegriffene Rechtsakt den Kläger ohne Hinzutreten weiterer Umstände beeinträchtigen muss, deren Eintreten ungewiss ist. Staatengerichtete Beschlüsse betreffen einen Dritten, wenn dem Staat bezüglich weiterer Handlungen kein Ermessen zusteht, sondern er zur Durchführung verpflichtet ist.

Ein *individuelles* Betroffensein liegt vor, wenn die Handlung den Kläger wegen bestimmter persönlicher Eigenschaften oder besonderer Umstände besonders betrifft und ihn dadurch in ähnlicher Weise wie den Adressaten individualisiert („Plaumann-Formel").

### 11.3.3.5 Geltendmachung der Klagegründe

Voraussetzung für die Zulässigkeit einer Nichtigkeitsklage ist außerdem, dass der Kläger einen der enumerativ aufgeführten Klagegründe aus Art. 263 Abs. 2 AEUV geltend macht. Die Klagegründe sind:

- Unzuständigkeit,
- Verletzung wesentlicher Formvorschriften,
- Verletzung der Verträge oder einer bei seiner Durchführung anzuwendenden Rechtsnorm und
- Ermessensmissbrauch.

Die Unzuständigkeit kann sich zum einen auf die fehlende Zuständigkeit der Union (Verbandskompetenz), zum anderen auf die fehlende Zuständigkeit des handelnden Organs (Organkompetenz) beziehen.

Der Klagegrund der Verletzung wesentlicher Formvorschriften erfasst auch die Verletzung von Verfahrensregeln. Wesentlich sind die Vorschriften dann, wenn unter ihrer Beachtung der betreffende Rechtsakt möglicherweise einen anderen Inhalt gehabt hätte.

Der Klagegrund der Verletzung der Verträge oder einer bei seiner Durchführung anzuwendenden Rechtsnorm ist ein Auffangtatbestand, der alle Verstöße erfasst, die nicht unter einen der anderen Klagegründe fallen. Prüfungsmaßstab ist das gesamte höherrangige Recht, also sowohl das primäre in den Verträgen stehende Unionsrecht als auch das ungeschriebene Unionsrecht in Form von allgemeinen Rechtsgrundsätzen, wie zum Beispiel dem Vertrauensschutz.

Der Ermessensmissbrauch (Ermessen i.S.d. Art. 263 Abs. 2 AEUV: jeder Entscheidungs- und Beurteilungsspielraum) erfasst anders als im nationalen Recht jedes absichtliche Verfolgen rechtswidriger Ziele durch ein Organ der Union.

### 11.3.3.6 Klagefrist nach Art. 263 Abs. 6 AEUV

Für die Klageerhebung haben die Kläger nach Art. 263 Abs. 6 AEUV zwei Monate Zeit. Diese Frist läuft von der Veröffentlichung des betreffenden Rechtsakts im Amtsblatt, seiner Bekanntgabe an den Kläger oder gegebenenfalls von dem Zeitpunkt an, an dem der Kläger von ihm Kenntnis erlangt hat. Veröffentlichungen im Amtsblatt gelten ab dem 15. Tag der Veröffentlichung als bekannt gegeben (Art. 81 VerfO des Gerichtshofs bzw. Art. 102 VerfO des Gerichts).

#### 11.3.3.7 Begründetheit der Nichtigkeitsklage

Die Klage ist begründet, wenn einer (oder mehrere) der Nichtigkeitsgründe aus Art. 263 Abs. 2 AEUV vorliegen.

#### 11.3.3.8 Entscheidung des Gerichts und ihre Folgen

Ist die Klage begründet, so erklärt der Gerichtshof der Europäischen Union die angefochtene Handlung für nichtig, Art. 264 Abs. 1 AEUV. Das Nichtigkeitsurteil ist ein Gestaltungsurteil und beseitigt den angegriffenen rechtswidrigen Rechtsakt in der Regel *ex-tunc*, d.h. der Rechtsakt wird angesehen, als habe es ihn nie gegeben. Das Urteil gilt grundsätzlich für den gesamten Rechtsakt, es sei denn die rechtswidrigen Bestimmungen lassen sich von dem übrigen Rechtsakt trennen. In diesem Fall werden die rechtswidrigen Bestimmungen aus dem Rechtsakt gestrichen.

Das Urteil ist für alle rechtsverbindlich, gilt also *erga omnes* und nicht nur für die Parteien des Rechtsstreits (*inter partes*).

Die Organe, Einrichtungen und sonstigen Stellen der Union treffen die Pflicht zur Folgenbeseitigung, Art. 266 Abs. 1 AEUV und eventuell die Pflicht zum Schadensersatz, Art. 266 Abs. 2 i.V.m. Art. 340 Abs. 2 AEUV.

| Die Nichtigkeitsklage nach Art. 263 AEUV |
|---|
| **A. Zulässigkeit der Nichtigkeitsklage** |
| **I. Zuständigkeit nach Art. 256 I AEUV** |
| • Bei Klagen der MSen oder Organen der EU: Gerichtshof gem. Art. 256 I 1 Hs. |

<table>
<tr><td>
2 AEUV i.V.m. Art. 51 Satzung des Gerichtshofs

- Klagen natürliche oder juristische Personen: Gericht gem. Art. 256 I 1 Hs. 1 AEUV
</td></tr>
<tr><td>
II. Beteiligtenfähigkeit

1. Aktive Beteiligtenfähigkeit

- MSen, EP, Rat und Kommission nach Art. 263 II AEUV
- Rechnungshof, EZB und AdR nach Art. 263 III AEUV
- Natürliche und juristische Personen nach Art. 263 IV AEUV

2. Passive Parteifähigkeit

Alle Organe, Einrichtungen und Stellen, deren Handlungen nach Art. 263 I AEUV Klagegegenstand sein kann
</td></tr>
<tr><td>
III. Zulässiger Klagegegenstand

- Bei Klagen der in Art. 263 II und III AEUV genannten Einrichtungen: alle rechtsverbindlichen Handlungen der in Art. 263 I AEUV genannten Unionsorgane sowie Handlungen von Einrichtungen oder sonstigen Stellen der Union, die Rechtswirkungen gegenüber Dritten erzeugen, vgl. Art. 263 I AEUV.
- Bei Klagen natürlicher oder juristischer Personen: die an sie gerichteten oder sie unmittelbar und individuell betreffenden Handlungen sowie Rechtsakte mit VO-Charakter, die sie unmittelbar betreffen und keine Durchführungsmaßnahmen nach sich ziehen, Art. 263 IV AEUV.
</td></tr>
<tr><td>
IV. Klagebefugnis

- Bei Klagen von Mitgliedstaaten, EP, Rat oder Kommission nicht erforderlich („privilegierte Klagebefugte"), vgl. Art. 263 II AEU.
- Bei Klagen vom Rechnungshof, EZB oder AdR: Geltendmachung eigener Rechte, vgl. Art. 263 III AEUV („Wahrung ihrer Rechte“).
- Bei Klagen natürlicher oder juristischer Personen: „unmittelbare“ und „individuelle“ Betroffenheit

  a) betroffen = persönlich beschweren
  b) unmittelbar = ohne Hinzutreten weiterer Umstände, deren Eintreten ungewiss ist
  c) individuell = Handlung betrifft Kläger wegen bestimmter persönlicher Eigenschaften oder besonderer Umstände und individualisiert ihn dadurch in ähnlicher Weise wie den Adressaten („Plaumann-Formel“)
</td></tr>
<tr><td>
V. Geltendmachung eines Klagegrundes aus Art. 263 II AEUV

- Unzuständigkeit: fehlende Zuständigkeit der Union (Verbandskompetenz) oder des handelnden Organs (Organkompetenz)
- Verletzung wesentlicher Formvorschriften: auch die Verletzung von Verfah-
</td></tr>
</table>

<table>
<tr><td>
rensregeln, wenn ihre Verletzung den Inhalt des Rechtsaktes beeinflusst haben können<br>
• Verletzung der Verträge oder einer bei seiner Durchführung anzuwendenden Rechtsnorm (als Auffangtatbestand): alle Verstöße, die nicht unter einen der anderen Klagegründe fallen; Prüfungsmaßstab ist das gesamte (auch ungeschriebene) primäre Unionsrecht<br>
• Ermessensmissbrauch (Ermessen i.S.d. Art. 263 II AEUV: jeder Entscheidungs- und Beurteilungsspielraum): absichtliches Verfolgen rechtswidriger Ziele durch ein Organ der Union
</td></tr>
<tr><td>
VI. Klagefrist, Art. 263 VI AEUV: 2 Monate<br>
Fristbeginn nach Art. 263 VI AEU: Bekanntgabe der betreffenden Handlung, ihre Mitteilung an den Kläger und (subsidiär dazu!) Zeitpunkt der Kenntniserlangung durch Kläger; s. auch Art. 80 VerfO des Gerichtshofs bzw. Art. 101 VerfO des Gerichts<br>
Veröffentlichungen im Amtsblatt gelten ab dem 15. Tag der Veröffentlichung als bekannt gegeben (Art. 81 VerfO des Gerichtshofs bzw. Art. 102 VerfO des Gerichts)
</td></tr>
<tr><td>
B. Begründetheit der Nichtigkeitsklage<br>
Die Nichtigkeitsklage ist begründet, wenn einer (oder mehrere) der Nichtigkeitsgründe aus Art. 263 II AEUV vorliegen.
</td></tr>
<tr><td>
C. Entscheidungsfolgen, Art. 260 AEUV<br>
Im Nichtigkeitsurteil wird der angegriffene Rechtsakt gem. Art. 264 I AEUV für nichtig erklärt. Das Nichtigkeitsurteil beseitigt als Gestaltungsurteil den Rechtsakt i.d.R. ex-tunc.<br>
Das Urteil gilt erga omnes.<br>
Die Organe, Einrichtungen und sonstigen Stellen der Union treffen die Pflicht zur Ergreifung der sich aus dem Urteil ergebenden Maßnahmen, Art. 266 I AEUV und evtl. die Pflicht zum Schadensersatz, Art. 266 II i.V.m. Art. 340 II AEUV.
</td></tr>
</table>

### 11.3.4 Untätigkeitsklage

Die Untätigkeitsklage stellt sachlich die Umkehrung der Nichtigkeitsklage dar. Mit ihr kann gerichtlich das rechtswidrige Unterlassen von Unionsorganen festgestellt werden.

Die Bedeutung der Untätigkeitsklage ist in der Praxis gering. Das liegt unter anderem daran, dass die Untätigkeitsklage nach Art. 265 AEUV im Verhältnis zur Nichtigkeitsklage nach Art. 263 AEUV subsidiär ist. Die Untätigkeitsklage ist demnach nur dann die zulässige Rechtsschutzform, wenn kein mit der Nichtigkeitsklage anfechtbarer Rechtsakt vorliegt. Hat ein Organ der Union den Antrag auf Erlass eines Rechtsaktes abgelehnt, ist nicht die Untätigkeitsklage, sondern die Nichtigkeitsklage gegen diese in der Regel begründete Ablehnung zulässig. Die Untätigkeitsklage ist dann subsidiär.

Bezüglich ihrer Zulässigkeitsvoraussetzungen stellt die Untätigkeitsklage eine Kombination aus den beiden vorgenannten Klagearten, dem Vertragsverletzungsverfahren und der Nichtigkeitsklage, dar. Aufgrund ihrer geringen Bedeutung erfolgt die Darstellung der Zulässigkeit der Untätigkeitsklage in gestraffter Form.

#### 11.3.4.1 Zulässigkeitsvoraussetzungen der Klage

Ebenso wie bei der Nichtigkeitsklage richtet sich die Zuständigkeit der europäischen Gerichtsbarkeit danach, wer die Untätigkeit geltend macht. Klagen Mitgliedstaaten oder Organe der Union ist der Gerichtshof zuständig (Art. 256 Abs. 1 S. 1 Hs. 2 AEUV i.V.m. Art. 51 der Satzung des Gerichtshofs). Klagen natürliche oder juristische Personen, liegt gemäß Art. 256 Abs. 1 S. 1 Hs. 1 AEUV die Zuständigkeit beim Gericht.

Die aktive und passive Beteiligtenfähigkeit ist in Art. 265 Abs. 1 AEUV geregelt. Aktiv beteiligtenfähig sind die Organe der Union sowie die Mitgliedstaaten. Nach Art. 265 Abs. 3 AEUV können auch grundsätzlich natürliche und juristische Personen klagen. Passiv beteiligtenfähig sind die Organe der Union sowie alle übrigen Einrichtungen und Stellen der Union.

Klagegegenstand ist das Unterlassen der betreffenden Institution, einen „Beschluss" zu fassen. Der Begriff des Beschlusses ist hier weit zu verstehen. Anders als der Begriff der „Handlungen" erfasst der Begriff „Beschluss" nicht nur verbindliche Rechtsakte, sondern auch unverbindliche Empfehlungen und Stellungnahmen. Das ergibt sich aus einem Umkehrschluss aus Art. 265 Abs. 3 AEUV, der bei Untätigkeitsklagen natürlicher und juristischer Personen unverbindliche Empfehlungen und Stellungnahmen ausdrücklich ausnimmt. Bei Klagen natürlicher und juristischer Personen können Klagegegenstand nur verbindliche Rechtsakte sein, Art. 265 Abs. 3 AEUV.

Ebenso wie beim Vertragsverletzungsverfahren wird auch hier der Klagegegenstand bereits durch ein Vorverfahren festgelegt, das gemäß Art. 265 Abs. 2 AEUV zwingende Prozessvoraussetzung ist.

Bei der Klagebefugnis wird wie bei der Nichtigkeitsklage zwischen privilegierten Klagebefugten (Mitgliedstaaten und Unionsorganen) und nicht privilegierten Klagebefugten (natürlichen und juristischen Personen) unterschieden. Privilegiert Klagebefugte sind automatisch klagebefugt. Nicht privilegierte Klagebefugte müssen nachweisen, dass ein verbindlicher Rechtsakt „an sie zu richten" *wäre*, vgl. Art. 265 Abs. 3 AEUV. Nach der Rechtsprechung des Gerichtshofs sind damit nicht nur Beschlüsse gemeint, sondern auch Rechtsakte, die die Person in gleicher Weise betreffen. Die Möglichkeit für den Einzelnen, sein Recht geltend zu machen, darf nicht davon abhängen, ob das betreffende Unionsorgan tätig geworden ist, oder nicht.[108] Dieser Ansicht ist zuzustimmen, da es ansonsten zu Rechtsschutzlücken kommt.

Nach Art. 265 Abs. 2 AEUV ist die Untätigkeitsklage nur zulässig, wenn die betreffende Institution vorher zum Tätigwerden aufgefordert wurde. An das Aufforderungsschreiben des Klägers sind folgende Anforderungen zu stellen: Es muss die Aufforderung enthalten, tätig zu werden und den begehrten Akt zu erlassen, der begehrte Rechtsakt ist genau zu bezeichnen. Ebenso muss genau angegeben werden, aus welchen Gründen das betreffende Organ zum Erlass verpflichtet ist, d.h. die einschlägige Vorschrift aus den Verträgen ist zu nennen. Es muss die Klageerhebung in Aussicht gestellt werden.

Das Organ, die Einrichtung oder Stelle hat dann zwei Monate Zeit, eine Stellungnahme abzugeben. Tut sie dies nicht, kann wegen Untätigkeit geklagt werden. Gibt das Organ, die Einrichtung oder Stelle allerdings eine Stellungnahme ab, so ist diese als Beschluss i.S.d. Art. 288 Abs. 4 AEUV zu werten, gegen den nur im Wege der Nichtigkeitsklage vorgegangen werden kann. Eine Untätigkeitsklage wäre in einem solchen Fall subsidiär und deshalb unzulässig. Es sind aber nur solche Äußerungen als Stellungnahmen zu werten, die eine verbindliche und endgültige Festlegung eines Standpunktes erkennen lassen.

---

[108] EuGH Slg. 1996, I-6065, Rn. 59 – T. Port

Gemäß Art. 265 Abs. 2 S. 2 AEUV ist die Klage innerhalb einer weiteren Frist von zwei Monaten nach Ablauf der zweimonatigen Frist zur Stellungnahme zu erheben.

#### 11.3.4.2 Begründetheit der Untätigkeitsklage

Die Untätigkeitsklage ist begründet, wenn das Unionsorgan, die Einrichtung oder Stelle es vertragswidrig unterlassen hat, einen bestimmten Beschluss zu erlassen bzw. tätig zu werden, Art. 265 Abs. 1 AEUV, oder einen Rechtsakt an den Kläger zu richten, Art. 265 Abs. 3 AEUV. Voraussetzung ist, dass eine hinreichend konkretisierte, unionsrechtliche Handlungspflicht vorgelegen hat. Stand der betreffenden Institution ein Beurteilungs- oder Ermessensspielraum hinsichtlich ihres Tätigwerdens zu, kommt es darauf an, ob ein Ermessensmissbrauch oder eine Ermessensreduzierung auf Null vorliegt.

#### 11.3.4.3 Die Entscheidung und ihre Folgen

Bei einem stattgebenden Urteil stellen der Gerichtshof bzw. das Gericht fest, dass das betreffende Unionsorgan, die Einrichtung oder sonstige Stelle durch seine/ihre Untätigkeit gegen die Verträge verstoßen hat. Im Gegensatz zur Nichtigkeitsklage, die als Gestaltungsklage auf Beseitigung des Rechtsaktes gerichtet ist, ist die Untätigkeitsklage als reine Feststellungsklage ausgestaltet, vgl. Art. 265 Abs. 1 S. 1 AEUV. Wegen des institutionellen Gleichgewichts der unionsrechtlichen Organe und Einrichtungen können der Gerichtshof oder das Gericht die beantragte Handlung weder selbst vornehmen noch die Unionsorgane, Einrichtungen oder sonstigen Stellen verurteilen, die beantragte Handlung vorzunehmen. Allerdings haben diese gemäß Art. 266 Abs. 1 AEUV die sich aus dem Urteil ergebenden Maßnahmen zu ergreifen und deshalb letztlich den begehrten Rechtsakt zu erlassen.

## Die Untätigkeitsklage nach Art. 263 AEUV

**A. Zulässigkeit der Untätigkeitsklage**

**I. Zuständigkeit nach Art. 256 I AEUV**

- Bei Klagen der MSen oder Organen der EU: Gerichtshof gem. Art. 256 I 1 Hs. 2 AEUV i.V.m. Art. 51 Satzung des Gerichtshofs
- Klagen natürliche oder juristische Personen: Gericht gem. Art. 256 I 1 Hs. 1 AEUV

**II. Beteiligtenfähigkeit**

1. Aktive Beteiligtenfähigkeit

- MSen, EP, Rat und Kommission nach Art. 265 I AEUV
- Natürliche und juristische Personen nach Art. 265 III AEUV

2. Passive Parteifähigkeit

EP, Europäischer Rat, Rat, Kommission oder EZB nach Art. 265 I AEUV

**III. Zulässiger Klagegegenstand**

- Bei Klagen der in Art. 265 I AEUV der Unionsorgane und MSen: das Unterlassen des betreffenden Organs, einen „Beschluss“ (= nicht nur verbindliche, sondern auch unverbindliche Rechtsakte, arg. ex Art. 265 III AEUV) zu erlassen
- Bei Individualklagen natürlicher oder juristischer Personen dagegen nur verbindliche Rechtsakte, vgl. Art. 265 III AEUV

**IV. Klagebefugnis**

- Bei Klagen von MSen und Unionsorganen nicht erforderlich („privilegierte Klagebefugte"), vgl. Art. 265 I AEUV.
- Natürliche und juristische Personen müssen Nachweis führen, dass zu erlassender Rechtsakt an sie zu richten wäre, vgl. Art. 265 III AEUV

**V. Durchführung eines Vorverfahrens**, Art. 265 II AEUV

- Aufforderungsschreiben an die betreffende Institution, tätig zu werden
- Keine Stellungnahme innerhalb von zwei Monaten

**VI. Klagefrist**, Art. 265 II 2 AEUV

Nach Ablauf der Stellungnahmefrist: weitere zwei Monate

**B. Begründetheit der Untätigkeitsklage**

Die Untätigkeitsklage ist begründet, wenn die Institution es unter Verstoß der Verträge unterlassen hat, einen bestimmten Beschluss zu erlassen bzw. tätig zu werden, Art. 265 I AEUV, oder einen Rechtsakt an den Kläger zu richten, Art. 265 III AEUV. Das gilt nicht bei Beurteilungs- und Ermessensspielräumen der Institution, außer es liegt Ermessenreduzierung auf Null oder Ermessensmissbrauch vor.

**C. Entscheidungsfolgen, Art. 265 I 1, 266 AEUV**

Im stattgebenden Untätigkeitsurteil wird die Vertragsverletzung festgestellt, Art. 265 I 1 AEUV. Die Organe, Einrichtungen und sonstigen Stellen der Union treffen die Pflicht zur Ergreifung der sich aus dem Urteil ergebenden Maßnahmen, Art. 266 I AEUV und sind evtl. zum Schadensersatz verpflichtet, Art. 266 II i.V.m. Art. 340 II AEUV.

### 11.3.5 Amtshaftungsklage der Union

Gemäß Art. 268 i.V.m. Art. 340 Abs. 2 AEUV können vor der europäischen Gerichtsbarkeit Schäden ersetzt verlangt werden, die Bedienstete oder Organe der Union in Ausübung ihrer Amtstätigkeit verursacht haben. Art. 340 Abs. 2 AEUV umfasst die außervertragliche Haftung der Union.

Die Amtshaftungsklage ist eine Leistungsklage.

Sie ist unter folgenden Voraussetzungen zulässig:

#### 11.3.5.1 Zuständigkeit des Gerichts

Gemäß Art. 256 Abs. 1 S. 1 Hs. 1 AEUV ist das Gericht zuständig, da die Amtshaftungsklage aus Art. 268 AEUV nach der Satzung des Gerichtshofs nicht dem Gerichtshof vorbehalten ist.

#### 11.3.5.2 Aktive und passive Beteiligtenfähigkeit

Aktiv beteiligtenfähig ist der Kläger, der Inhaber eines materiell rechtlichen Schadensersatzanspruchs sein kann. Unproblematisch gilt dies für natürliche und juristische Personen. Streitig ist dies bei Mitgliedstaaten. Eine Entscheidung des Gerichtshofs diesbezüglich steht noch aus.

Passiv beteiligtenfähig ist nach Art. 340 Abs. 2 AEUV die Union selbst. Sie muss sich das Verhalten ihrer Organe und Bediensteten zurechnen lassen. Vertreten wird die Union vor Gericht durch das Organ, das gehandelt hat.

Eine Ausnahme gilt gemäß Art. 340 Abs. 3 AEUV für die EZB. Für sie haftet nicht die Union, sondern die EZB haftet selbst für ihr Verschulden bzw. das eines ihrer Bediensteten.

#### 11.3.5.3 Klagegegenstand und Klagebefugnis

Klagegegenstand sind Schadensersatzansprüche, die im Bereich der außervertraglichen Haftung in Ausübung einer Amtstätigkeit verursacht wurden.

Klagebefugt ist der Kläger, der behauptet, dass ihm aus eigenem Recht ein Schadensersatzanspruch gemäß Art. 340 Abs. 2 AEUV zusteht.

#### 11.3.5.4 Klagefrist

Die Klagefrist ist in den Art. 268, 340 AEUV direkt nicht geregelt. Sie ergibt sich aber aus Art. 46 S. 1 der Satzung des Gerichtshofs, wonach die

Ansprüche aus außervertraglicher Haftung fünf Jahre nach Eintritt des schädigenden Ereignisses verjähren. Die Verjährung wird gemäß Art. 46 S. 2 der Satzung durch Einreichung der Klageschrift beim Gerichtshof oder dadurch unterbrochen, dass der Geschädigte seinen Anspruch vorher gegenüber dem zuständigen Unionsorgan geltend macht. In letzterem Fall muss die Klage dann allerdings innerhalb der in Art. 263 AEUV vorgesehenen Frist von zwei Monaten erhoben werden, Art. 46 S. 3 der Satzung.

### 11.3.5.5 Allgemeines Rechtsschutzbedürfnis

Das Vorliegen des allgemeinen Rechtsschutzbedürfnisses kann insbesondere hinsichtlich vorrangig in Anspruch zu nehmender Rechtsbehelfe fraglich sein.

Früher wurde vom Gerichtshof in den Fällen sog. „legislativen Unrechts" die Auffassung vertreten, dass eine Amtshaftungsklage erst zulässig sei, wenn der in Frage stehende Rechtsakt zuvor mit der Nichtigkeitsklage angefochten und aufgehoben wurde. Gleiches galt für die Untätigkeitsklage.

Heutzutage ist die Amtshaftungsklage jedoch als eigenständiger Rechtsbehelf mit eigenen Funktionen im System der Klagearten aufgeführt, so dass der Gerichtshof seine Rechtsprechung geändert hat und die Zulässigkeit einer Amtshaftungsklage nicht mehr von der Erhebung einer Nichtigkeits- oder Untätigkeitsklage abhängig macht.

Das allgemeine Rechtsschutzbedürfnis kann jedoch fehlen, wenn die recht zeitige Erhebung der Nichtigkeitsklage den Schadenseintritt verhindert hätte.[109]

Im Fall paralleler – innerstaatlicher und unionsgerichtlicher Rechtswege - ist der Grundsatz der Subsidiarität zu beachten. Grundsätzlich greift das unionsrechtliche Amtshaftungsverfahren subsidiär erst dann ein, wenn der innerstaatliche Rechtsweg gegen die mitgliedstaatliche Vollzugsmaßnahme ausgeschöpft worden ist und auf nationaler Ebene kein Ersatz erlangt werden konnte. Dies gilt jedoch nur, wenn eine innerstaatliche Klagemöglichkeit besteht und diese den Schutz des Geschädigten wirksam sicherstellt.

---

[109] EuGH Slg. 1986, 753 - Krohn

#### 11.3.5.6 Begründetheit der Amtshaftungsklage

Die Amtshaftungsklage ist begründet, wenn ein Organ oder Bediensteter der Union in Ausübung seiner Amtstätigkeit eine dem Schutz des Einzelnen dienende Rechtsnorm in rechtswidriger Weise verletzt und dadurch einen Schaden verursacht.

Ein Verschulden des Handelnden in Form von Vorsatz oder Fahrlässigkeit ist nach der Rechtsprechung des Gerichtshofs nicht erforderlich.[110] Bei der Amtshaftung der Union handelt es sich um eine verschuldensunabhängige Haftung mit der Rechtswidrigkeit als entscheidende Voraussetzung.

Die Rechtsgutverletzung muss dabei in Ausübung der Amtstätigkeit erfolgt sein und darf sich nicht nur bei Gelegenheit der amtlichen Verrichtung ereignet haben. Es muss sich also um ein hoheitliches Tun oder Unterlassen handeln.

Den Schwerpunkt der Prüfung bildet die Rechtswidrigkeit der Handlung. Hierbei ist zwischen der Haftung für rechtswidriges administratives Unrecht und der Haftung für rechtswidriges legislatives Unrecht zu unterscheiden. Im Bereich des administrativen Unrechts legt der Gerichtshof das Merkmal der Rechtswidrigkeit weit aus: Es genügt die Verletzung einer zumindest auch dem Individualinteresse dienenden unionsrechtlichen Norm. Im Bereich legislativen Unrechts genügt die einfache Verletzung einer individualschützenden Norm nicht. Aufgrund des Gestaltungsspielraums bei Legislativakten muss eine individualschützende Norm schon in qualifizierter Weise verletzt worden sein, um einen Schadensersatzanspruch auszulösen. Voraussetzungen für einen solchen qualifizierten Verstoß ist, dass das betreffende Organ oder der betreffende Bedienstete die Grenzen seiner Befugnisse *offenkundig* und *erheblich* überschritten hat.[111] Das ist der Fall, wenn gegen eine Norm von besonderer Bedeutung verstoßen wurde, der Schaden bei einer klar abgegrenzten Gruppe von Marktteilnehmern eingetreten ist und über die Grenzen der wirtschaftlichen Risiken hinausgeht, die jede Betätigung in dem betreffenden Wirtschaftsbereich mit sich bringt.

#### 11.3.5.7 Die Entscheidung des Gerichts und ihre Folgen

Wird der Amtshaftungsklage stattgegeben, wird die Union oder die EZB in Form eines vollstreckbaren Leistungsurteils zum Schadensersatz verurteilt. Für die Vollstreckbarkeit gilt Art. 280 i.V.m. Art. 299 Abs. 2 – 4 AEUV. Das Urteil gilt nur zwischen den Parteien („inter partes").

---

[110] EuGH Slg. 1986, 1907,1921 – Développement SA

[111] EuGH Slg. 1978, 1209, 1225 - HNL

| **Die Schadensersatzklage nach Art. 268 i.V.m. 340 II AEUV** |
|---|
| **A. Zulässigkeit der Schadensersatzklage** |
| **I. Zuständigkeit** nach Art. 256 I 1 Hs. 1 AEUV: das Gericht |
| **II. Beteiligtenfähigkeit**<br>1. Aktive Beteiligtenfähigkeit: Natürliche und juristische Personen, MSen (str.)<br>2. Passive Parteifähigkeit: Union, Art. 340 II AEUV; EZB, Art. 340 III AEUV |
| **III. Zulässiger Klagegegenstand**<br>Schadensersatzansprüche, die im Bereich der außervertraglichen Haftung in Ausübung einer Amtstätigkeit verursacht wurden. |
| **IV. Klagebefugnis**<br>(+), wenn Kläger behauptet, aus eigenem Recht einen Schadensersatzanspruch gem. Art. 340 II AEUV zu haben |
| **V. Klagefrist**<br>direkt nicht geregelt, ergibt sich aber aus Art. 46 S. 1 der Satzung des Gerichtshofs, wonach Ansprüche aus außervertraglicher Haftung fünf Jahre nach Eintritt des schädigenden Ereignisses verjähren |
| **VI. Allgemeines Rechtsschutzbedürfnis**<br>(-) bei nationalen Rechtsschutzmöglichkeiten |
| **B. Begründetheit der Schadensersatzklage**<br>Die Schadensersatzklage ist begründet, wenn ein Organ oder Bediensteter der Union in Ausübung seiner Amtstätigkeit eine dem Schutz des Einzelnen dienende Rechtsnorm in rechtswidriger Weise verletzt und dadurch einen Schaden verursacht, vgl. Art. 340 II AEUV. |
| **C. Entscheidungsfolgen**<br>In einem stattgebenden Urteil wird die Union bzw. die EZB zur Leistung des Schadensersatzes verurteilt. Das Leistungsurteil gilt nur zwischen den Parteien und ist gem. Art. 280 i.V.m. Art. 299 Abs. 2 - 4 AEUV vollstreckbar. |

## 11.4 Das Petitionsrecht

Wer sich in Angelegenheiten, die in den Tätigkeitsbereich der Union fallen, durch eine Behörde in seinen Rechten verletzt fühlt, kann eine Petition an das Europäische Parlament richten.

Die Bestimmungen zur Bearbeitung der Petitionen sind in den Art. 191 bis 193 der Geschäftsordnung des Europäischen Parlaments niedergelegt, die auch die Zulässigkeitsvoraussetzungen einer Petition aufführen. Zuständig für die Bearbeitung der Petitionen ist der "Petitionsausschuss", der von der Kommission und anderen parlamentarischen Ausschüssen unterstützt wird.

Die Abschlüsse der Verfahren sind unterschiedlich:

Es kann sich bei der Petition um einen Einzelfall handeln, der eine individuelle Bearbeitung erfordert. Die Kommission kann in diesem Fall direkt mit den zuständigen Behörden Kontakt aufnehmen oder über die ständige Vertretung eines Mitgliedstaates bei der Union intervenieren. In einigen Fällen übernimmt der Präsident des Europäischen Parlaments sogar persönlich die Intervention.

Falls die Petition die Verletzung von unionsrechtlichen Vorschriften zum Gegenstand hat, kann auch ein Vertragsverletzungsverfahren durch die Kommission eingeleitet werden, um einen eventuellen Vertragsverstoß feststellen zu lassen. Auf dieses Urteil kann sich dann der Petent berufen.

Die Petition kann auch zu einer Gesetzesinitiative des Europäischen Parlaments oder der Kommission führen.

In jedem Fall erhält der Petent eine Antwort, in der über die Ergebnisse der unternommenen Schritte unterrichtet wird.

## 11.5 Der Europäische Bürgerbeauftragte

Der Europäische Bürgerbeauftragte ist zuständig für Beschwerden über mangelhafte oder ausbleibende Verwaltungstätigkeit der Organe und Einrichtungen der EU. Um eine Beschwerde zu bearbeiten, muss der Bürgerbeauftragte die betreffende Stelle benachrichtigen und mit ihr eine Lösung des Problems finden. Unterstützt wird der Bürgerbeauftragte dabei von einem qualifizierten mehrsprachigen Team. Weitere Informationen, insbesondere wie man als Unionsbürger eine Beschwerde einlegen kann, findet man im Internet unter www.ombudsman.europa.eu.

# 12 Haftung der Mitgliedstaaten

Die Haftung der Mitgliedstaaten für unionsrechtswidriges Verhalten ist in den Verträgen nicht normiert. Sie ist erst richterrechtlich entwickelt worden. Die grundlegende Entscheidung des Gerichtshofs betraf die nicht rechtzeitige Umsetzung einer Richtlinie.[112] Neben solchen relativ häufig vorkommenden legislativen Unionsrechtsverstößen gibt es entsprechend der Gewaltenteilung auch administrative oder judikative Verstöße gegen das Unionsrecht. Fälle administrativen Unrechts liegen beispielweise vor, wenn die Verwaltung eines Mitgliedstaates das Unionsrecht falsch auslegt oder anwendet.[113] Ein Fall judikativen Unrechts kann etwa darin liegen, dass ein mitgliedstaatliches Gericht letztinstanzlich unionsrechtswidrig entscheidet.[114]

Der unionsrechtliche Staatshaftungsanspruch findet seine Grundlage unmittelbar im Unionsrecht selbst. Gleichwohl ist anerkannt, dass die durch den Gerichtshof aufgestellten Voraussetzungen nicht abschließend sind, sondern ergänzend nationales Recht zur Anwendung kommen kann.

## 12.1 Dogmatische Herleitung

Da der Grundsatz einer unionsrechtlichen Staatshaftung den Verträgen nicht wörtlich zu entnehmen ist, musste der Gerichtshof die Existenz dieses Prinzips aus den Verträgen herleiten:

Da die volle Wirksamkeit des Unionsrechts (*effet utile*) und der Schutz der Rechte, die das Unionsrecht dem Einzelnen verleihen will (*Rechtsschutzgedanke*), vermindert wäre, wenn der Einzelne nicht die Möglichkeit hätte, im Fall der Verletzung von Unionsrecht eine Entschädigung zu verlangen, gehört der Grundsatz der Staatshaftung zum Wesen der durch die Verträge geschaffenen Rechtsordnung. Darüber hinaus resultiert die Verpflichtung der Mitgliedstaaten zum Schadensersatz nach der Rechtsprechung des Gerichtshofs auch aus der *Pflicht zur Unionstreue* nach Art. 4 Abs. 3 UAbs. 2 EUV, wonach die Mitgliedstaaten alle geeigneten Maßnahmen zur Erfüllung ihrer Verpflichtungen, die sich aus den Verträgen oder den Handlungen der Organe der Union ergeben, ergreifen müssten. Zu diesen

[112] EuGH Slg. 1991, I-5357 – Francovich

[113] EuGH Slg. 1996, I-2553 – Hedley Lomas

[114] EuGH Slg. 2003, I-10239 - Köbler

Verpflichtungen zählt auch – so der Gerichtshof - die Behebung der Folgen eines Unionsrechtsverstoßes.

Dogmatische Grundlagen des unionsrechtlichen Staatshaftungsanspruchs sind demnach zusammengefasst

- der Grundsatz der effektiven Wirksamkeit des Unionsrechts (effet utile),
- der Rechtschutzgedanke sowie
- die aus Art. 4 Abs. 3 EUV folgende Verpflichtung zur Behebung der Folgen eines Unionsrechtsverstoßes.

## 12.2 Allgemeine Haftungsvoraussetzungen

Allgemein gelten folgende Haftungsvoraussetzungen:

- Ein innerstaatliches Organ oder ein Bediensteter hat zurechenbar gegen eine unionsrechtliche Norm verstoßen,
- die verletzte Norm bezweckt, dem Einzelnen Rechte zu verleihen,
- der Verstoß ist „hinreichend qualifiziert“,
- ein Schaden ist bei dem Einzelnen eingetreten, und
- es besteht ein unmittelbarer Kausalzusammenhang zwischen dem Unionsrechtsverstoß und dem bei dem Einzelnen eingetretenen Schaden.

Je nach Art des zugrunde liegenden Verstoßes hat die Prüfung jedoch unterschiedliche Schwerpunkte und Besonderheiten.

### 12.2.1 Haftungsvoraussetzungen für legislatives Unrecht

Nehmen die Mitgliedstaaten gesetzgeberische Tätigkeiten wahr, ist grundsätzlich deren Gestaltungs- bzw. Ermessensspielraum in diesem Bereich zu beachten. Deshalb ist ein legislativer Unionsrechtsverstoß nur dann hinreichend qualifiziert, wenn das innerstaatlich zuständige Gesetzgebungsorgan die Grenze, die dem mitgliedstaatlichen Ermessen gesetzt ist, „offenkundig und erheblich“ überschritten hat.

Die verspätete Umsetzung einer Richtlinie ist regelmäßig hinreichend qualifiziert, da dem Organ gar kein Ermessen hinsichtlich der fristgemäßen Richtlinienumsetzung zusteht. Der Unionsrechtsverstoß liegt dann in der Verletzung von Art. 288 Abs. 3 AEUV i.V.m. Art. 4 Abs. 3 EUV.

Wird den Mitgliedstaaten jedoch ein Ermessenspielraum belassen (so zum Beispiel hinsichtlich der konkreten Ausgestaltung des von der Richtlinie vorgegebenen Regelungsgegenstandes), kommt es darauf an, ob das innerstaatliche Organ seinen Ermessenspielraum offenkundig und erheblich überschritten hat. Für die Beurteilung eines offenkundigen und erheblichen Verstoßes sind nach der Rechtsprechung des Gerichtshofs insbesondere zu berücksichtigen:[115]

- Das Maß an Klarheit und Genauigkeit der verletzten Vorschrift,
- der Umfang des Ermessenspielraums, den die verletzte Vorschrift den nationalen oder den Unionsbehörden belässt,
- die Frage, ob der Verstoß vorsätzlich oder nicht vorsätzlich begangen wurde, oder
- der Schaden vorsätzlich oder nicht vorsätzlich zugefügt wurde,
- die Entschuldbarkeit oder Unentschuldbarkeit eines etwaigen Rechtsirrtums und
- der Umstand, dass die Verhaltensweisen eines Unionsorgans möglicher Weise dazu beigetragen haben, dass nationale Maßnahmen oder Praktiken in unionsrechtswidriger Weise unterlassen, eingeführt oder aufrecht erhalten wurden.

Jedenfalls ist ein Verstoß gegen das Unionsrecht dann hinreichend qualifiziert, wenn er trotz des Erlasses eines Urteils, in dem der zur Last gelegte Verstoß festgestellt wird, oder eines Urteils im Vorabentscheidungsverfahren oder aber einer gefestigten einschlägigen Rechtsprechung des Gerichtshofes, aus denen sich die Pflichtwidrigkeit des fraglichen Verstoßes ergibt, fortbestanden hat.

### 12.2.2 Haftungsvoraussetzungen für administratives Unrecht

Für die Haftungsvoraussetzungen administrativen Unrechts ergeben sich keine Besonderheiten. Zwar müssen grundsätzlich hinsichtlich des Gestaltungs- bzw. Ermessenspielraums in der Verwaltungstätigkeit gegenüber der gesetzgeberischen Tätigkeit Einschränkungen gemacht werden. Das hat den Gerichtshof aber nicht daran gehindert, seine Rechtsprechung zur unionsrechtlichen Staatshaftung auf Unionsrechtsverstöße der mitgliedstaatlichen Verwaltung zu übertragen.[116]

### 12.2.3 Haftungsvoraussetzungen für judikatives Unrecht

Da der Grundsatz der unionsrechtlichen Staatshaftung für jeden Verstoß eines Mitgliedstaats gegen das Unionsrecht unabhängig davon gilt, wel-

[115] vgl. EuGH Slg. 1996, 1029 – Brasserie du pêcheur

[116] EuGH Slg. 1996, I-2553 – Hedley Lomas

ches mitgliedstaatliche Organ durch sein Handeln oder Unterlassen den Verstoß begangen hat, ist der Grundsatz der Staatshaftung auch auf judikatives Unrecht anwendbar. Der Gerichtshof hat mittlerweile ausdrücklich entschieden, dass „in Anbetracht der entscheidenden Rolle, die die Judikative beim Schutz der dem Einzelnen aufgrund unionsrechtlicher Bestimmungen zustehenden Rechte spielt, [...] die volle Wirksamkeit dieser Bestimmungen beeinträchtigt und der Schutz der durch sie begründeten Rechte gemindert [wäre], wenn der Einzelne unter bestimmten Voraussetzungen dann keine Entschädigung erlangen könnte, wenn seine Rechte durch einen Verstoß gegen das Unionsrecht verletzt werden, der einer Entscheidung eines letztinstanzlichen Gerichts eines Mitgliedstaats zuzurechnen ist“.[117]

Gegen eine solche Haftung hatten einige Mitgliedstaaten zuvor folgende ernst zu nehmende Einwände geltend gemacht: Durch die Haftung der Mitgliedstaaten für letztinstanzliche Entscheidungen werde zum einen der Grundsatz der Rechtssicherheit verletzt, da die Rechtskraft eines letztinstanzlichen Urteils durchbrochen werde. Zum anderen werde durch die Ahndung solcher Rechtsverstöße sowohl die richterliche Unabhängigkeit als auch die richterliche Autorität verletzt. Letztlich fehle es auch an einem zuständigen Gericht für solche Fälle.

Der Gerichtshof argumentierte, dass der Grundsatz der Rechtssicherheit nicht verletzt, insbesondere die Rechtskraft nicht durchbrochen würde, da an der Entscheidung selbst gar nichts geändert werde: Der Staatshaftungsprozess habe nicht denselben Klagegegenstand und nicht notwendigerweise dieselben Parteien.[118] Darüber hinaus liege auch kein Verstoß gegen die richterliche Unabhängigkeit vor, da die Richter nicht persönlich haften.[119] Die Autorität eines letztinstanzlichen Gerichts werde nicht geschmälert, da das Bestehen eines Rechtsweges, der unter bestimmten Voraussetzungen die Wiedergutmachung der nachteiligen Auswirkungen einer fehlerhaften Gerichtsentscheidung ermögliche, ganz im Gegenteil *für* die Qualität der Rechtsordnung und damit *für* die Autorität der Judikative spreche.[120]

[117] EuGH Slg. 2003, I-10239 Rn. 33 - Köbler

[118] EuGH Slg. 2003, I-10239 Rn. 39 - Köbler

[119] EuGH Slg. 2003, I-10239 Rn. 42 - Köbler

[120] EuGH Slg. 2003, I-10239 Rn. 43 - Köbler

Dass kein Rechtsweg für diese Form der Staatshaftung besteht, sei Sache der Mitgliedstaaten und ihre Angelegenheit, einen solchen Rechtsweg zur Durchsetzung des Unionsrechts zu schaffen (Rechtsweggarantie).[121]

Die Prüfung, ob ein offenkundiger Verstoß vorliegt, hat dann aber unter Berücksichtigung der Besonderheit der richterlichen Funktion zu erfolgen. Bei der Beurteilung sind ansonsten die bereits genannten Kriterien heranzuziehen.[122]

## 12.3 Durchsetzung des Anspruchs

Der Mitgliedstaat hat die Folgen des durch einen ihm zuzurechnenden Verstoß gegen das Unionsrecht verursachten Schadens im Rahmen des nationalen Haftungsrechts zu beheben, wobei die im anwendbaren nationalen Recht festgelegten Voraussetzungen nicht ungünstiger sein dürfen als bei entsprechenden innerstaatlichen Ansprüchen (Diskriminierungsverbot); auch dürfen diese Voraussetzungen nicht so ausgestaltet sein, dass die Erlangung der Entschädigung praktisch unmöglich oder übermäßig erschwert ist (Effizienzgebot).

## 12.4 Schadensumfang

Der Schadensumfang richtet sich nach nationalem Recht. Daher finden die §§ 249 ff. BGB Anwendung. Allerdings ist zu beachten, dass der Schadensersatz dem erlittenen Schaden angemessen sein muss. Insbesondere ist grundsätzlich auch der entgangene Gewinn zu berücksichtigen.

## 12.5 Verjährung

Nach der Rechtsprechung des Gerichtshofes widersprechen nationale Ausschluss- und Verjährungsfristen grundsätzlich nicht dem Effizienzgebot, insbesondere nicht eine Verjährungsfrist von drei Jahren nach § 852 Abs. 1 BGB, da hierdurch die Durchsetzung des unionsrechtlichen Staatshaftungsanspruchs weder „praktisch unmöglich" noch „übermäßig erschwert" wird.[123] Es ist Sache der nationalen Gerichte, diese Ausschlussfristen mit den Grundsätzen der Gleichwertigkeit und der Effizienz zu vereinbaren.

---

[121] EuGH Slg. 2003, I-10239 Rn. 45 ff. - Köbler

[122] vgl. 12.2.1

[123] EuGH NJW 2009, 3601 – Danske Slagterier

## 12.6 Haftung der Mitgliedstaaten im Überblick

| **A. Amtshaftung der MSen nach Art. 34 GG i.V.m. § 839 BGB** |
| --- |
| **I. Ausübung eines öffentlichen Amtes i.d.R. (+)** |
| **II. Verletzung einer einem Dritten gegenüber obliegenden Amtspflicht**<br>1. Amtspflicht ergibt sich i.d.R aus Art. 4 III EUV (Unionstreue)<br>2. Drittgerichtetheit der Amtspflicht<br>(-) bei der Umsetzung von RL, da Umsetzungsakt an Allgemeinheit gerichtet ist |
| **III. Ausschluss der Haftung nach § 839 II BGB (Richterprivileg)**<br>(+) bei judikativem Unrecht |

| **B. Unionsrechtlicher Staatshaftungsanspruch** |
| --- |
| **I. Dogmatische Herleitung**<br>• Grundsatz der effektiven Wirksamkeit des Unionsrechts (effet utile)<br>• Rechtsschutzgedanke<br>• Verpflichtung der MSen zur Behebung von Verstößen gegen das Unionsrecht aus Art. 4 III EUV |
| **II. Haftungsvoraussetzungen**<br>1. Innerstaatliches Organ oder ein Bediensteter hat zurechenbar gegen eine unionsrechtliche Norm verstoßen,<br>2. die verletzte Norm bezweckt, dem Einzelnen Rechte zu verleihen,<br>3. der Verstoß ist „hinreichend qualifiziert", d.h. offenkundig und erheblich<br>4. ein Schaden ist bei dem Einzelnen eingetreten, und<br>5. Kausalzusammenhang zwischen Unionsrechtsverstoß und Schaden. |
| **III. Anspruchsinhalt (vgl. nationales Haftungsrecht)** |
| **IV. Verjährung (vgl. nationales Recht unter Beachtung des Effizienzgebotes)** |

# Stichwortverzeichnis